钱锺书传

营造巴别塔的智者

张文江 著

上海文艺出版社

自 序

钟叔河先生有一回指出：奥林匹斯山上，那学艺之神同时又是谐谑之神，他那锐利而又带一些狡狯的目光俯视着大千世界的芸芸众生，包括我们的"钱锺书研究"，他会有些什么表情（《钱锺书研究》第二辑《编委笔谈》）。我写作手边的这部书稿时，最先想到的是这么一段话。

我接触钱锺书著作在进入大学初期，最初读的作品是《围城》和《谈艺录》。当时我二十岁出头，茫然不知自然、社会、人生之所谓，如烟如雾，处于朦朦胧胧的状态中。《管锥编》开始读时也没有头绪，对此书逐渐了解是后来的事。读得比较明白的是《旧文四篇》，对作者纵横浩博的对比力量，感到极大的震撼。当时我对钱锺书著作极其钟爱，凡有最新著作出版，必多购数种送人，若干篇章甚至手录一遍，这也是青年学生的热忱。我还多次把钱锺书著作推荐给友人，友人读后也极为欣喜。

在大学时代，我喜欢杂览各类书籍，涉及许多领域。而在现代文学领域内，我最喜欢的有三家，以为它们是现代文学史上的奇观，贯通文化和文学，内涵丰富，空前绝后。在这三家中，鲁迅是现代文学史公认的中流砥柱。尽管他有极长，也有极短，现有的固定观点似乎并不完全正确，但其重要性早已确立，绕过他是不可想象的。而另外文学史全然不知的两家中，就有钱锺书。钱锺书是比较幸运的，二十世纪八十年代以后他的声名如日中天，文学史也不得不面对直接的现实。现在的青年人，也许想象不到在当时课堂上从教师到学生都不知道钱锺书的情形，然而这却是我当年读书时的真实状况。鲁迅、钱锺书以外，我还钟爱过另一位作家（我不愿在这里提他的名字），其成就和精彩至今尚未被认识，文学史进一步破除一些框框，是不是尚需时日呢？

我在进入大学以前，基本已读过鲁迅著作，而钱锺书著作则是陆续接触到的，综合了许多新鲜的感觉。我至今记得这样几件事：一件事是我最初跟随电台学习外语时，无意中听到国外电台采访钱锺书的谈话，钱锺书略带抑扬的无锡口音给人一种亲切感。那是最初的直接印象，我知道《围城》从那里而来。一件事是《管锥编》出版时的情形。《管锥编》第一版是分册出版的，最初出版的是第一、第二册，第二年年初才陆续出版了第三和第四册。我至今还记得当时的那家书店，以及我陆续买全《管锥编》时的期待心理。《管锥编》现在已经出到第三版了，当年的那家书店也早已改换门庭，但当时的情形我还历历在目，难以忘怀。还有一件事，由于我对钱锺书著作的钟爱，在大学时我练习写了一篇评论《谈艺录》的文章（当时《谈艺录》补订本尚未出版）。在友人的介绍下，钱锺书出乎意料地迅速给了我回信，信中鼓励我对经典建立第一手的认识，而近人的著作（包括他的在内）不必多看，"欲穷千里目，更上一层楼"。这些话当时给了我极大的启发，至今仍然有所感受。我得到过许多师友的教益，而钱锺书先生是没有直接接触而给我教益的人。人对伴随着自己成长的人和事通常是怀有好感的，我对钱锺书先生始终怀着感激的心情。

随着年岁的增长，由于我在大学里的所思所感，也由于读书渐多，我对文学的关心逐渐减退了。接触到的各类事实使我感到，自然、社会、人生有许多重要方面，文学不过是其中之一。在文学之中与之外，远远还有着其他内容，执着文学，决非究竟。就这样，在大学毕业以后，随着我把注意力转向其他方面，随着我对文学关心的减弱，我对钱锺书著作的热忱也减弱了。我对钱锺书著作态度的这种改变，和钱锺书著作本身的价值无关，而是成长过程中阶段性现象。凡是有求学求知经历的人，这样的情形必然会出现多次，这其实是正常的现象。有消有长，任何事物都自然如此，有所曲折，不一定是坏事。

然而，时间没有停留。八十年代是钱锺书研究大发展的时期，社会在逐步了解钱锺书，经常有新的发现，令人欣喜。这一时期我主要在阅读一些其他的书，关心一些其他的问题，由于钱锺书著作的广阔涉及面，这些书、这些问题和钱锺书著作之间仍然存在着千丝万缕的联系。我有时翻阅钱锺书著作，常常受到一些感发，产生过若干想法，但也就此搁置一边。在这一时期，我尝试做一些事情，也尝试写一些文稿，多少积累了一些经验，虽然没有进步，年华却虚度过去了。

1988年圣诞节前一天晚上，我和陈思和先生闲谈，谈话中我提到了对钱锺书著作的一些想法，建议从事现代文学研究和教学的人不妨参考一下？陈思和先生当即鼓励我写一篇大型的文章，把这些想法发表出来。1989年1月至4月，我集中精力写了一组文章，实际形成了一部书稿，以评论钱锺书著作为主，也交代了一些其他想法，它就是现在这部传记的雏形。完成以后，走出书斋，才感觉到书斋以外，社会上的形势已经变得如火如荼了。1989年以后，我主要工作在其他方面，也抽时间陆续修改书稿，发表了一部分篇章。当时文学界正在掀起钱锺书研究的热潮，我的工作虽然不太成熟，也自然而然地汇入这一潮流之中。在这种情况下，当出版社约我写一部包含钱锺书著作评论在内的传记时，我却犹豫了起来，我感受到这里的限制。

我觉得我不一定是写作钱锺书传记的合适人选。这不仅因为钱锺书是中国现代文化和文学领域里的巨匠，学问浩博无涯，极难研究和评论。而且也因为我逐步了解的学术文化和钱锺书从事的工作虽然可以有部分的联系，但在方向上有相当程度的不同。这使我感到难以发挥。关于传记本身，钱锺书早年有过名言："自传就是他传，他传就是自传。"如果除去尖锐的讽刺意味，这段话也可以是传记的正面标准，它揭示了传主和传记作者之间互相补充的双向沟通过程。这样的双向过程在传记写作中其实是不可避免的，它帮助传记作者认识传主，也帮助传记作者认识自己。对我来说，由于钱锺书是罕见的天纵之才，他的一些特色前无古人，也由于我自己方向上的歧异，这样的沟通过程到一定阶段就深入不下去了。这使我常常感受到无形的障碍。传记作者其实也是需要素质的，将来会有比我更合适的人选。

此外还有客观的原因。钱锺书研究是最近十年才逐渐开展起来的，基础并不雄厚，对钱锺书著作及其生平的了解还有许多空白，写传记的条件不够成熟。我自己虽然也尽可能地搜集了一些资料，但远不是占有资料最多的人。在我认识的一些研究者中，颇有精勤用功的人，由他们来写作才更为合适。事实上我也期待着这一天，时间会说明一切的。

目 次

自　序 ………………………………………………………… i

第一章　早年生活和求学时代（1910—1938） ………… 001
　　一、"我家江水初发源" ………………………… 003
　　二、从清华到牛津（上） ………………………… 017
　　三、从清华到牛津（下） ………………………… 032

第二章　意园神楼（1939—1949） …………………… 049
　　一、在创作和评论两路精进 ……………………… 051
　　二、《围城》意象 ………………………………… 066
　　三、"咳唾随风生珠玉"——《谈艺录》 ………… 081

第三章　沧浪之水（1950—1965） …………………… 097
　　一、"微波喜摇人，小立待其定" ………………… 099
　　二、碧海掣鲸——《宋诗选注》 ………………… 112

第四章　槎通碧汉（1966—1978） …………………… 123
　　一、"衣带渐宽终不悔" ………………………… 125

二、天禄琳琅（上）
　　　　——《管锥编》四种文献结构 ……………… 137
　　三、天禄琳琅（下）
　　　　——《管锥编》十部书简义 ……………… 164

第五章　群峰之巅（1979—1989） ……………… 201
　　一、跃上成就的高峰 ……………… 203
　　二、"吾犹昔人，非昔人也"（上）
　　　　——《谈艺录》补订本 ……………… 212
　　三、"吾犹昔人，非昔人也"（下）
　　　　——《七缀集》 ……………… 220

结　语　中国现代文化和钱锺书 ……………… 229
　　一、中国现代文化和钱锺书 ……………… 231
　　二、若干可能存在的局限 ……………… 237

附录一　钱锺书著作的分期和系统 ……………… 245
　　一、写作分期 ……………… 247
　　二、著作系统 ……………… 252

附录二　钱锺书简易年表 ……………… 259

后　记 ……………… 273
又　记 ……………… 274
再　记 ……………… 276
重印本补记 ……………… 277

第一章
早年生活和求学时代（1910—1938）

一、"我家江水初发源"

钱锺书在中国现代文化和文学上的地位，被誉为"文化昆仑"[①]。认识这样一个重要的文化人物及其学术道路，也许用得上苏东坡的一句诗："我家江水初发源"（《游金山寺》）。一切汪洋恣肆之态，均自家乡出。

钱锺书出生于中国美丽的江南城市无锡，属于谚语所称"上有天堂，下有苏杭"的地区。苏州以北是无锡，杭州以南是绍兴。有意思的是，中国现代文学史上两位文化巨人：钱锺书与鲁迅，一个生于无锡，一个生于绍兴，他们一生的性情似乎都和出生地关联。绍兴是所谓"会稽乃报仇雪耻之乡，非藏垢纳污之地"（《且介亭杂文末编》）。而无锡为近代开化较早的工商业城市之一，感应着开通的风气。这和鲁迅的笔力深沉，钱锺书的流通不居，似乎也有一致之处。以人格风貌而论，鲁迅如"老聃新沐，方将被发而干，慹然似非人"（《庄子·田子方》）[②]，钱锺书

[①] 舒展《文化昆仑——钱锺书》，《随笔》1986 年第 5 期。
[②] 这是徐梵澄对鲁迅的观感。见《星花旧影》，《鲁迅研究资料》第 11 辑。

如"叔度汪汪如千顷波"(《世说新语·德行》)①。这里自然而然地显出仁者乐山和智者乐水的风神之异。

钱氏家族推源可至极古,是所谓"得姓于三皇,初盛于汉,衰于唐,中兴于唐宋之际,下暨齐民于元明,儒于清"②的世系。在"继继绳绳,卜年三千"的传承中,割据于五代的吴越王钱镠"中兴于唐宋之际",是其间比较确实的起点,凡中国南方钱氏家族的谱系,大致都可推溯于此。钱镠以后相传十世左右,钱氏的一支搬迁至无锡梅里堠山,成为堠山钱氏的始祖。③堠山钱氏历宋元明清,均在无锡繁衍。

清末民初时,钱氏有一房在无锡中心一个叫作七尺场的地方,造屋定居,这就是当地有名的"钱家大院"④。这座钱氏老宅造成后,在大门旁立过一副石刻楹联:"文彩传希白,雄风动海潮。"下联指吴越王钱镠,传说钱镠在杭州时曾指挥大军发箭射潮,修筑海塘,"钱塘江"即得名于此;上联的希白指宋代文学家钱易,《宋史·钱惟演传》谓易字希白,惟演从弟,他"才学赡敏","真宗时以第二名及第"⑤。以雄厚的武功为底,以至于文采风流,长传不衰,这就是屋主的门风规模,所谓"钱家历

---

① 这是郑朝宗对钱锺书的观感(和《世说》原文略异),见《但开风气不为师》,《管锥编研究论文集》,福建人民出版社 1984 年 4 月第 1 版,第 3 页。
② 钱基博《无锡光复志·自叙篇》。此材料承李洪岩先生提供。
③ 钱基博《无锡光复志·自叙篇》。此材料承李洪岩先生提供。
④ 钱家大院旧址在无锡七尺场 7 号,即现在的新街巷 36 号。
⑤ 详见张大年《围城新论》(手稿)。《论》又曰:"钱希白才思敏捷,考场上被人误解而罢。这样的考场轶事,在钱锺书考庚款留学时几乎重演,可为一笑。"

第一章　早年生活和求学时代（1910—1938）

代无大显贵，但多读书有成者"①。"钱家大院"和当年造屋时的刻石"钱绳武堂"，至今尚存。

中国现代著名作家和学者，本书的传主钱锺书从小就生活在这里。这座大院也许还不是钱锺书的出生地②，但它是钱锺书从小生活的环境所在，则无可怀疑。1991年12月一个大雪纷飞的日子里，笔者在友人的陪同下走访了钱家大院，钱家大院残旧不堪，已经非昔日的容颜。大院的前造曾被用作缝纫组，后造已被用作一所幼儿园，宅中零零星星地堆放着一些老式木器。几十年前聚集在这所新居里的钱氏子孙早已散居各方，而这里仍然聚集着一批新的儿童，这似乎也保存着大变动时代的缩影。这些天真无邪的儿童还会重复先辈们所经历的那些苦难，他们中间还会出现新的天才吗？

钱氏世居无锡。钱锺书曾祖时爆发了太平天国运动，曾祖带领全家避乱江北，事平后回至无锡。钱氏曾祖以下，按"福、基、锺、汝、昌"排辈。他共生五子，大房钱福炜，是前清举人，为苏州府长洲县学教谕，在无锡很有势力。二房、三房名不详，二房也中过举。四房钱福炯，号祖耆，他就是钱锺书的祖父。五房在当年避乱时留居江阴。钱福炯虽然只是有祖传租田三四十亩的小地主，本人也只是秀才，但由于他的大哥是中过举的县学教谕，他的岳家石塘湾孙家，是无锡最有势力的大地主之

---

① 钱基厚《孙庵私乘附年表》，1952年版。
② 马光裕《钱锺书年表》称钱锺书出生于"江苏省无锡县城关"。见《钱锺书杨绛研究资料集》，田蕙兰、马光裕、陈珂玉选编，华中师范大学出版社1990年11月版，第6页。

一，所以在无锡他仍被当作小乡绅看待①。钱福炯共生三子，大房钱基成（子兰），二房钱基博（子泉）和三房钱基厚（孙卿）是同胞双生，三兄弟共居于一个大家庭中。二房钱基博、三房钱基厚子女较多，大房钱基成无子，仅一女，按例由二房长子钱锺书过继为子。在大家庭中，钱锺书居长，在那里堂表兄弟共十人，彼此颇为友爱。

这就是钱锺书出生时已然存在的家庭格局。这一家庭格局对钱锺书有相当的影响，其中有一个关键性的事实，就是钱锺书受到他伯父和父母双重养护的状况。钱锺书知识结构的形成，和这一状况有着密切关系。

钱锺书的伯父慈爱宽容，但是一生潦倒。据钱家的"坟上风水"，不旺长房旺小房：长房往往没有子息，即便有，也没有出息，伯父就是"没出息"的长子②。但伯父本人也是秀才，他对这个大家庭仍然是极其有益的。其一，由于钱锺书父亲和叔父都有职业，家务便由伯父经管；其二，他在最初阶段培养了钱锺书。伯父是钱锺书最大的庇护伞，也是钱锺书的启蒙老师，钱锺书最早对知识的理解从他这儿来。请看杨绛的记载：

> 锺书四岁，由伯父教他识字。伯父是慈母一般，锺书整天跟着他。伯父上茶馆，听说书，锺书都跟着去。他父亲不

---

① 钱锺汉《〈无锡光复志〉拾遗》，《无锡文史资料》第3辑，1981年8月版——此材料承李洪岩先生提示。
② 杨绛《记钱锺书与〈围城〉》，见《将饮茶》，三联书店1987年5月版，第117页。

便干涉,又怕惯坏了孩子,只好建议及早把孩子送入小学。钟书六岁入秦氏小学……不到半年,生了一场病,伯父舍不得他入学,借此让他停学在家。他七岁,和比他小半岁的堂弟钟韩同在亲戚家的私塾附学。他念《毛诗》,钟韩念《尔雅》,但附学不便,一年后他和钟韩都在家由伯父教。伯父对钟书的父亲和叔父说:"你们两兄弟都是我启蒙的,我还教不了他们?"父亲和叔父当然不敢反对。①

杨绛又记载:

钟书和钟韩跟伯父读书,只有下午上课。……每天早上,伯父上茶馆喝茶,料理杂务,或跟熟人聊天,钟书总跟着去。伯父花一个铜板给他买一个大酥饼吃……又花了两个铜板,向小书铺子或书摊租一本小说给他看。家里的小说只有《西游记》《水浒》《三国演义》等正经小说,……书摊上租来的《说唐》《济公传》《七侠五义》之类是不登大雅之堂的,家里不藏。钟书吃了酥饼就孜孜看书,直到伯父叫他回家。②

钱锺书就是在伯父这样慈爱的气氛中吸收着知识。这些知识最初是识字,以后渐入古典文学和通俗小说两类。附学时钱锺书和堂弟锺韩所念《毛诗》和《尔雅》的不同,又多少显示了文、

---

① 杨绛《记钱锺书与〈围城〉》,见《将饮茶》,三联书店1987年5月版,第120页。
② 杨绛《记钱锺书与〈围城〉》,见《将饮茶》,三联书店1987年5月版,第121页。

理的不同倾向，后来两人也果然走上了不同的治学道路。在钱锺书十岁以前，伯父的影响占有相当的地位。

钱锺书生长环境的基本格局，从他跟伯父一起生活来说，伯父的影响为直接，父母的影响为间接；从生理遗传来说，父母的影响为直接，伯父的影响为间接。这里似乎有相互回环的关系。与他伯父一生的穷困潦倒不同，他父母与近代文化和文学有着相当的联结。钱锺书的父亲钱基博，字子泉，是近代著名的文史学者；母亲姓王，是《小说月报》首任主编王西神之妹。钱锺书伯父（养父）和父亲（生父）对钱锺书的教育有着不完全相同的态度。由于两兄弟同住在钱家大院之内，两种不同态度之间的冲突和互补，形成了钱锺书从小生长的特殊环境。在杨绛的记载里屡见不鲜：

> 妙的是他（按指钱锺书）能把各件兵器的斤两记得烂熟，却是连阿拉伯数字的1、2、3都不认识。锺韩下学回家有自己的父亲教，伯父和钱锺书却是"老鼠哥哥同年伴儿"。……他父亲不敢得罪哥哥，只好伺机把锺书抓去教数学，教不会，发狠要打又怕哥哥听见，只好拧肉，不许锺书哭。锺书身上一块青，一块紫，晚上脱掉衣服，伯父发现了不免心疼气恼。①

杨绛又记载：

---

① 杨绛《记钱锺书与〈围城〉》，见《将饮茶》，三联书店1987年5月版，第122页。

> 父亲不敢当着哥哥管教锺书，可是抓到了机会，就着实管教，因为锺书不但荒废了功课，还养成了不少坏习惯，如晚起晚睡、贪吃贪玩等。①

伯父慈爱宽容的气氛，钱锺书父亲不敢反对，不便干涉，又不得不伺机干涉，这是比较特殊的状况，但使钱锺书受益匪浅。一个孩子身心健康的成长，往往需要充分的慈爱和充分的严厉，两者不能缺一。在一般家庭中，慈爱和严厉的不同角色分别由父母担当，所谓"严父慈母"，而在钱锺书的生长环境中，它们分别由钱锺书的伯父和父亲担当了。伯父的慈爱和父亲的严厉，两房之间对钱锺书的爱护不期然而然地形成了配合，这对钱锺书的成长，从以后看来还是有益的。

杨绛记载钱锺书母亲的形象是"沉默寡言，严肃谨慎"，他父亲的形象是"一本正经"，这和钱锺书的性格颇不相类。钱锺书的"痴气盎然"，实际上与伯父更为相似。钱锺书如果没有从小过继给伯父，开始就由其父母管教，他的个性也许会受到某种压抑，不会展开得像后来那样充分。钱锺书十一岁时（实足九岁），伯父去世，他改由父亲直接管教，却仍然和伯母生活在一起。钱锺书获得两房不同类型爱护的基本格局虽然产生了变化，但仍然维持到了二十岁前后。钱锺书二十一岁时（实足十九岁），他伯母去世，同年钱锺书已考入清华大学，学校和社会的

---

① 杨绛《记钱锺书与〈围城〉》，见《将饮茶》，三联书店1987年5月版，第123页。

影响已经成为影响他的主流了。

钱锺书受到伯父的影响以外，也同时受到父亲的很大影响。钱基博和他的师友圈子治学有其特色。在治学范围上，钱基博对传统经史子集的四部之学，有着极为广博的认识。他这样自述："基博治学，务为浩博无涯涘，诂经谭史，旁涉百家，抉摘利病，发其阃奥。自谓集部之学，海内罕对。子部钩稽，亦多匡发。"① 这种"浩博无涯涘"的认识，尤其是"集部之学，海内罕对"，很自然地成为钱锺书发展的基石。钱锺书接触中国古籍实际从集部入，和他父亲的影响自然有一定关系。

在文学思想上，钱基博是在新文学兴起之后，继续走旧文学道路的人，而且取得了较大的成就。钱基博和他的师友们对当时的新文学采取的观望、批评和保持距离的态度，不一定正确，但对钱锺书的发展还是有一定益处的。钱锺书在中国现代文化和文学上，能吸收新文学的长处，又明显保存着自己的独特性，不能排除也有钱基博一定的影响在内。在文学样式上，如果说父亲给钱锺书的影响主要以诗文为主的话，那么钱锺书在小说方面受到的影响就和伯父大有关系；而他母亲是和近代小说大有关系的王西神②的妹妹，是不是也有一定影响呢？这里似乎有着巧合：钱

---

① 钱基博《自传》，《华中师范大学学报》哲社版，1987年，"纪念钱基博先生诞生百周年专辑"，第5页。
② 王蕴章（1884—1942），江苏无锡人。别署西神残客、莼农、西神、梁溪莼农、二泉亭长、红鹅生、鹊脑词人、王十三。参观郑逸梅《逸梅杂札》第110页，《南社丛谈》第102页，钱基博《现代中国文学史》第298页，《鸳鸯蝴蝶派文学资料》第312页，又第535页。此材料承袁进先生提供。

锺书以后创作上的主要成就在于诗文和小说,他虽然也一度有兴趣尝试戏剧样式①,但毕竟没有取得成功。

伯父和父亲对钱锺书极为真挚的爱护和期望互相交织,和钱锺书已然存在的天性相适应,这样形成的生长环境,在钱锺书十岁以前,尚有若干事比较重要。尝试叙述如下。

从钱锺书伯父方面来说,钱家风水的"不旺长房旺小房",这一格局在伯父和钱锺书共同生活的期间有所变化。杨绛对这一事件有记载:

> 伯父在世时,自愧没出息,生怕"坟上风水"连累了嗣给长房的锺书。原来他家祖坟下首的一排排树高大茂盛,上首的细小萎弱。上首的树当然就代表长房了。伯父一次私下花钱向理发店买了好几斤头发,叫一个佃户陪着,悄悄带着锺书上祖坟去,把头发埋在上首几排树根旁。他对锺书说,要叫上首的树茂盛,"将来你做大总统"。②

以今天的科学水准,尚不能知传统风水学是否有其合理依据,此属不可究诘之事。但在风水的虚、实变化之间,伯父对钱锺书极为真挚的爱护和祝愿,对钱锺书的成长却不能说是没有作用的。伯父一生郁郁不得志,他对钱锺书的满怀慈爱,是他一生

---

① 钱锺书《答编者问》:"正计划跟杨绛合写喜剧一种,不知成否。"见1947年12月11日上海《大公报》,转引自《钱锺书杨绛研究资料集》,第88页。
② 杨绛《记钱锺书与〈围城〉》,见《将饮茶》,三联书店1987年5月版,第128页。

中积聚极久的一股暖气：他把它全部寄托在钱锺书身上了。钱锺书后来的出类拔萃，有来自各方面的因素，而伯父真挚无私的爱，也应当是其中之一。伯父的衷心祝愿"将来你做大总统"，后来在一定程度上也实现了：中国文化界和文学界从七十年代直至八十年代，钱锺书处于极为领先的地位，是备受景仰的国宝级大师，可以说应和了伯父早年的祝愿。

　　从钱锺书父亲方面来说，这一阶段中他为钱锺书取名"锺书"，字"默存"，对钱锺书的一生也有影响。在钱锺书出生那天，恰好有人送来一部《常州先哲丛书》，伯父因此为他取名"仰先"，字"哲良"，但钱锺书父亲所取的"锺书"和"默存"的名和字，显然更符合钱锺书一生的发展。锺书周岁"抓周"抓了一本书，因此取名"锺书"，"锺书"的"锺"有聚义，犹如"锺情"的"锺"。钱锺书"抓周"的抓书，犹如《红楼梦》贾宝玉"抓周"的抓胭脂，正是他一生性情和成就恰切的写照。钱锺书许多痴气旺盛的表现，如读字典等，均出自这一习性。杨绛称"供他阅读的书，好比富人'命中的禄米'会从各方面源源而来"，"他只要有书可读，别无营求"，"没有书却不好过日子"[①]，描写的也是这一习性。从他一生的成就来说，钱锺书的主要著作《围城》《谈艺录》《管锥编》都是包含无数书的书，以"锺书"来形容，再恰切不过了。

　　其次是"默存"的字。父亲取"默存"为字，是因为钱锺

[①] 杨绛《记钱锺书与〈围城〉》，见《将饮茶》，三联书店 1987 年 5 月版，第 136 页。又《干校六记》，三联书店 1986 年 12 月第 2 版，第 76 页。

书爱胡说乱道，改字"默存"，有叫他少说话的意思。《周易·系辞上》有言："默而成之，不言而信，存乎德行。""默存"的意义，应该从此句中化出。杨绛称钱锺书仍然痴气盎然地胡说乱道，"默存"这个号显然没有起克制作用①。这只说明了一定范围内的事实，在此范围之外，"默存"的号显然还是有一定缓冲作用的。二十世纪的中国，风风雨雨，钱锺书直言坦率的态度，极易招祸，他本人对此也有相当的警觉。《管锥编》的《全上古三代秦汉三国六朝文》卷第二则论武王《机铭》"皇皇惟敬，口生垢，口戕口"，引钟惺评语："读'口戕口'三字，悚然骨惊"，就是以慎言为戒。钱锺书老友称许他，"更能得'沉默是金'的真谛"②。安身立命于难以处身的环境中，慎言确实有一定的作用，这就对"默存"的号有所呼应了。

在这一时期，少年钱锺书也自取别号"项昂之"。杨绛记载，钱锺书从小爱好美术，常蒙写《芥子园画谱》和《唐诗三百首》上的插图，画完则署名"项昂之"。"项"指项羽，钱锺书佩服项羽，"昂之"是他想象中项羽的气概。钱锺书小时身体并不强壮，在他们家的旧照片上，他的弟弟都精精壮壮，唯他瘦弱，善眉善眼的一副可怜相。但是钱锺书善眉善眼的可怜相只是外表，他的内心却蕴含着一股不可遏止的旺盛痴气，"项昂之"

---

① 杨绛《记钱锺书与〈围城〉》，见《将饮茶》，三联书店 1987 年 5 月版，第 119 页。又"默存"之号，亦出《列子·周穆王》。
② 柯灵《促膝闲话中书君》，《读书》1989 年第 3 期。

就是这种内在气概的焕发。钱锺书在青年时期被称许为"人中之龙"①，晚年更被形容成"仿佛在云端里俯视人间似的"②，从不迷信一切权威，化天下典籍为我所用，这种内在的精神气质，"项昂之"则是最初的上出之力。

钱锺书晚年形成蔚为大观的著作系统和学贯中西的学问，如果推究其本，他在青少年时期形成的知识结构，处于"我家江水初发源"的地位。这一知识结构的最后形成，是在清华和牛津时期，而其基础和来源，则由学校教育、家学和自学三方面组成。前面强调伯父和父亲的综合影响，还只是家学的一方面。钱锺书十岁以后，在家学以外，学校教育和自学的分量逐渐加强，三方面教育的强势组合，构成了钱锺书治学的坚实基础。

学校教育，以西学为主，钱锺书十三岁从小学毕业后，即考入苏州桃坞中学，这是美国圣公会办的教会学校。以后桃坞中学停办，钱锺书又考入圣公会办的另一所中学：无锡辅仁中学。教会学校极为严格的教学，为钱锺书打下了坚实的外文基础。钱锺书在两所中学的成绩也异常突出：在桃坞中学，钱锺书因为英文好，一度担任过班长职务。在辅仁中学，钱锺书以第一名的优异成绩毕业。③

由伯父、父亲一路而来的家学以国学为主，钱锺书由此扎稳了坚实的古文根底。九岁入小学时，伯父去世，以后钱锺书由父

---

① 吴宓评钱锺书语，转引自郑朝宗《但开风气不为师》。
② 1989年，谷梁先生和笔者采访《英汉大词典》主编陆谷孙，陆述对钱氏的印象。
③ 张大年《围城新论》（手稿）。

第一章　早年生活和求学时代（1910—1938）

亲直接管教。父亲对钱锺书的严加管束，对钱锺书的成长也极其有益。在父亲的规定和布置下，钱锺书在小学和中学时代读了不少古文名篇，钱锺书的学问不但经常受到父亲的考较[1]，而且也得到了父亲的师友们如唐文治、钱穆等人的关心，积累为长足的进步[2]。钱锺书西学和国学的基础逐渐深厚了。

在学校教育和家学以外，更为关键的是钱锺书的自学。学校教育和家学收束于自学，而自学本身又化为两路：一路相关西洋文学，一路相关中国文学，仍然与学校教育和家学两路相应。钱锺书以后渐渐浑厚恢宏的知识结构，亦由此奠定。钱锺书本人对青少年时期的这两路自学保存着回忆。钱锺书比较正式地接触西洋文学由林译小说始，他回忆说：

> 商务印书馆发行的那两小箱《林译小说丛书》是我十一二岁时的大发现，带领我进了一个新的天地，一个在《水浒》《西游记》《聊斋志异》以外另辟的世界。……接触了林译，我才知道西洋小说会那么迷人。我把林译哈葛德、狄更斯、欧文、司各德、斯威夫特的作品反复不厌地阅读。假如我当时学习外文有什么自己意识到的动机，其中之一就是

---

[1] 钱基博《古籍举要·序》，世界书局 1933 年 10 月版。此材料承李洪岩先生提供。
[2] 钱锺韩《我所了解的唐文治先生》谈到他和钱锺书两人到唐文治家讨论学问的情景。见《江苏文史资料选辑》第 19 辑。钱穆在回忆录中记载他曾读到钱锺书少年时代的课卷，评曰："是时锺书聪慧已异常人矣。"见《八十忆双亲·师友杂忆》。前项材料承李洪岩先生提供。

有一天能够痛痛快快地读遍哈葛德以及旁人的探险小说。①

钱锺书比较正式地接触中国文学，由《古文辞类纂》等大型选本始，他回忆说：

> 余十六岁与从弟锺韩自苏州一美国教会中学返家度暑假，先君适自北京归，命同为文课，乃得知《古文辞类纂》、《骈体文钞》、《十八家诗钞》等书。绝鲜解会，而乔作娱赏；追思自笑，殆如牛浦郎之念唐诗。②

钱锺书的两路自学，既有着中西文学的区别，也有着诗文和小说的区别，钱锺书一生发展的基本途径已经显示出来了。

---

① 钱锺书《林纾的翻译》，见《七缀集》，上海古籍出版社1985年12月第1版，第70页。
② 钱锺书《谈艺录》补订本，中华书局1984年9月第1版，第346页。

二、从清华到牛津（上）

二十世纪的中国现代大学中，北京大学和清华大学居于领先地位。如果考察它们的发展历史，两校在二十世纪初期还有基本的分别：北大和中国传统文化的关系较深，清华更接近于西方文化。

北大和清华的历史沿革不同。北大的前身是始于前清的京师大学堂（成立于光绪二十四年戊戌，1898年），民国元年（1912年）改称北京大学。清华大学的前身是用美国退还的庚子赔款设立的"游美学务处"（成立于宣统元年，1909年），任务是录取选送美国的留学生。民国元年裁撤"游美学务处"，成立"清华学校"，仍为留美预备学校性质。民国十七年（1928年），清华学校改称"国立清华大学"，任命罗家伦为校长，设立三院（文学、法学、理学）十四系，进一步整顿学校规模，清华正式成为纯粹独立的大学。两校历史沿革的不同，造成了两校鲜明不同的校风，以及两校学生倾向性的不同：清华有其西方的色彩和向往，北大则有浓厚的政治意味。①

　　清华和北大同属中国早期的著名大学，两校同时又有着血浓于水的良好关系。清华早期的师资，很多来自北大。而北大方面的教授，出自清华的更不计其数。当时北大与清华有一项友好制度，即两校的教授经常互相兼课。如果在清华为专任教授，在北大则为兼任讲师，反之亦然。其时清华校长初为罗家伦，后为吴南轩、翁文灏、梅贻琦。文学院长为杨振声，后为冯友兰，外语系主任始终为莎剧专家王文显，教授有叶公超、吴宓、陈福田等，外籍教师有著名文论家瑞恰慈（I. A. Richards）。另有北大教授而来清华任讲师的，如温源宁（北大英文系主任）、贺之才（北大法文系主任）、杨丙辰（北大德文系主任）、梁宗岱（北大法文系教授）等，皆一时之选。② 两校如此互相补充，阵容愈加厚实。这是一个极其优越的文化环境。

　　1929 年，钱锺书以第一名的优异成绩毕业于无锡辅仁中学，随即考入清华大学外国语言文学系，他的堂弟钱锺韩也于同年考入清华。③ 这一年钱锺书十九岁。

---

① 张其昀《西南联大纪要》对比北大清华校风，略云："（甲）中西的不同：清华肇始乃是由庚款成立的留美预备学校，有其西方的色彩和向往，外语成绩也是清华强于北大。（乙）老少的不同：清华招收的是各省保送的学童，在学生方面自然也朝气蓬勃，轻快活泼，心情奋发不已。北大学生往往有娶妻生子的成人，在心情方面也往往孤芳自赏，自命不凡，往往老气横秋。清华的学生往往活泼而有钱，有学问又会玩。（丙）政学的不同：清华是本分的文化学术机构，北大则自始有浓厚的政治意味。"见《学府纪闻——国立西南联合大学》，台北南京出版有限公司 1981 年 10 月版，第 18—24 页。
② 秦贤次编《叶公超其人其文其事》，台湾传记文学出版社 1963 年 6 月版，第 15 页。
③ 《清华大学史料汇编》（二），《1929 年新生名单》，清华大学出版社 1991 年 3 月版，下册第 813 页。又钱锺韩后来转学。

第一章　早年生活和求学时代（1910—1938）

　　钱锺书进入中国当时最高学府之一的清华大学，对其知识结构的进一步形成是有助益的。前面已经说过，钱锺书的知识结构，由家学、学校教育和自学三方面组成。然而在钱锺书的早年生活中，他知识结构的三方面，实际上以家学和自学的结合为主，学校教育似乎主要是学习语言。但进入清华以后，一直到后来的牛津、巴黎，这一知识结构就以学校教育和自学的结合为主了，家学的影响退居到第二位。

　　当然，家学对钱锺书还是有相当大的影响。如果以系统方法分析，家学的范围不仅指早年生活中的父亲和伯父，还可以包括和他父亲思想接近的一些师友。例如著名学者唐文治，钱锺书入学前经常到他家谈论学问。① 又如著名诗人陈衍，钱锺书经常去他那儿聊天。陈衍对钱锺书也极其欣赏，他后来在《石遗室诗话续编》收入了钱锺书的一些诗句，如"万句撑肠一字艰"、"好将修道忏前尘"等，并介绍钱锺书："年方弱冠，精英文，诗文尤斐然可观，家学自有渊源也。性强记。"这是对钱锺书的最早介绍之一。陈衍对钱锺书的赏识和推荐，数十年后影响钱锺书完成了《宋诗选注》。② 钱锺书父亲钱基博其时正当盛年，已撰写《现代中国文学史》，并有撰写《中国文学史》的志向，为此遍读了古今诗文集数千家，而写有提要者不下五百家，唐以前略尽。他还把严可均《全上古三代秦汉三国六朝文》、丁福保《全

---

① 钱锺韩《我所了解的唐文治先生》。
② 钱锺书《林纾的翻译》，《七缀集》，第 87 页。又钱锺书《模糊的铜镜》，《钱锺书杨绛研究资料集》，第 110 页。

汉三国晋南北朝诗》及清修《全唐诗》《全唐文》这几部总集通读一遍，并对每人都作了论评[1]。这样大规模的研究讨论，对钱锺书不能不带来相当的影响。钱锺书喜欢搜罗明清两朝人集，"以章氏文史之义，抉前贤著述之隐，发凡起例，得未曾有"[2]，可以认为是家学的继承。不但早年的《谈艺录》直接由此而来，而且晚年的《管锥编》也间接由此而来。钱锺书三大著作《谈艺录》《宋诗选注》《管锥编》均与家学这一来源有关。1934年，钱锺书在大学毕业后，写了《论师友绝句》八首[3]，以陈衍居首，正是他对这一路学问来源的尊重。然而这组诗的第二、三首写了罗家伦和吴宓，说明新的一路学问和学校教育有关。

钱锺书能够进入清华，首先受到了罗家伦校长的赏识。这里还有一段有趣的传说。钱锺书入学考试时，中英文俱优，但数学不及格，按例不得录取。罗家伦校长爱才，在他的力争下，钱锺书被破格准许入学。由于钱锺书入学就有特殊的色彩，因此他到清华时，文名已满全校。[4] 后来友人在记述这一事件时，把钱锺书的数学不及格回忆成零分。钱锺书本人力辟其非，杨绛也明确说："锺书考大学，数学只考得十五分。"[5] 罗家伦在清华的任期

---

[1] 钱基博《读清人集别录》，转引自吴忠匡《毕生勤奋读书著述的钱基博教授》，见《中国当代社会科学家》第十辑，书目文献出版社1987年12月北京版，第303—304页。
[2] 钱基博《读清人集别录》，转引自吴忠匡《毕生勤奋读书著述的钱基博教授》，见《中国当代社会科学家》第十辑，书目文献出版社1987年12月北京版，第303—304页。
[3] 转引自罗久芳《钱锺书早年的两封信和几首诗》，台湾《联合文学》第五卷第六期。
[4] 邹文海《忆钱锺书》，《钱锺书研究》第二辑，文化艺术出版社1990年11月第1版，第292页。
[5] 杨绛《记钱锺书与〈围城〉》，见《将饮茶》，三联书店1987年5月版，第123页。

是1928—1930年，后来他虽然离开了清华，和钱锺书仍然有书信上的往来，诗歌唱和，探讨文艺。① 钱锺书赠其诗云："英雄余事以诗鸣"，那是赞赏他的早年活动和多方面才能吧。

钱锺书入学时的独特经历只是一个开端，他随即以自己的学术功底和卓越才华震惊了全校的师生。在当时清华极为雄厚的教授班底中，钱锺书这样的学生有着特殊地位。钱锺书的校友郑朝宗回忆说："钱锺书是外文系的一个尖儿，许多老师都对他另眼相看，他不是他们的弟子，而是他们的顾问。"② 另一校友罗香林回忆说："钱是一个大二的学生，他在随便的谈话中敢挑剔中文系主任朱自清和哲学系主任冯友兰的学问。"③ 这也就是又一校友邹文海所说的钱锺书任意臧否人物的狂态。④ 这其实是为学者必须具备的在学术面前人人平等的勇气。钱氏晚年在《谈艺录》补订本中引用尼采之语，略云："大宗师只有一大弟子，而此子将背其师，盖渠亦必自成大宗师也。"⑤ 大宗师尚且不宜局限住，何况一般名教授所知本来就有限呢？钱锺书青年时期的书生意气，也透露出他后来发展的端倪。

在清华的教师环境中，钱锺书还是深受其益的。他后来回忆说："我有大学时代五位最敬爱的老师，都像蒲伯所说：'以哲

---

① 转引自罗久芳《钱锺书早年的两封信和几首诗》，台湾《联合文学》第五卷第六期。
② 郑朝宗《怀旧》，见《海滨感旧集》，厦门大学出版社1988年6月版，第46页。
③ 胡志德《钱锺书》，张晨译，中国广播电视出版社1990年12月版，第4页。
④ 邹文海《忆钱锺书》，《钱锺书研究》第二辑，文化艺术出版社1990年11月第1版，第292页。
⑤ 《谈艺录》补订本，第516页。

人导师而更做朋友的。'这五位最敬爱的老师，以及其他三四位好朋友，全对我有说不尽的恩德。"① 这五位老师具体是何人，尚待考证，但吴宓应当是不可缺少的。在清华的老师中，吴宓大概是给予钱锺书影响最大的一位，钱锺书对他怀着感激的心情。钱锺书后来在1937年写道：

> 我这一代的中国青年学生从他那里受益良多。他最先强调了"文学的延续"，倡导欲包括我"旧"文学于其视界之内的比较文学研究。十五年前，中国的实际批评家中只有他一人具备对欧洲文学史的"对照"（synoptical）的学识。②

如果追根溯源，吴宓的思想来自哈佛大学比较文学教授欧文·白璧德（Irving Babbit，1865—1933）。他是提倡新人文主义的领袖，主张古典文学和比较文学的研究，坚决反对浪漫主义及现实主义和自然主义。他的早期追随者中有后来成为著名文学家和哲学家的艾略特和桑塔耶那，中国的追随者中有后来成为《学衡》杂志中坚的吴宓（1894—1978）、梅光迪（1890—1945）、胡先骕（1894—1968）、汤用彤（1893—1964）等。白璧德教导吴宓从事对世界几大文化系统的比较研究，即源于希腊、罗马的古典文化传统；希伯来基督教文化传统；印度哲学和佛学传统；

---

① 钱锺书《谈交友》，《文学杂志》一卷四期，1937年8月。
② 钱锺书1937年3月7日信，载 *T'ien Hsia Monthly*，Ⅳ.4（April，1937），第427页，转引自胡志德《钱锺书》，张晨中译本，第5页。

中国孔子哲学和儒家传统。这一世界比较文化的观念,对吴宓影响至深。吴宓回国后,长期倡导包括我国旧文学在内的比较文学研究,主编《学衡》前后延续十一年(1—79期,1922—1933),又仿照牛津、剑桥成规和中国书院制度,聘请梁启超、王国维、陈寅恪为导师,培养了一大批人才,都是从白璧德思想而来。

吴宓在清华导师中推崇陈寅恪,在学生中推崇钱锺书,后来盛传的吴宓并称陈寅恪、钱锺书为"人中之龙",最是佳话。郑朝宗回忆说:

> 已经是将近半个世纪以前的事了。一天,吴宓教授和几位青年学生在清华园的藤影荷声馆里促膝谈心,兴趣正浓,吴先生忽发感慨说:"自古人才难得,出类拔萃、卓尔不群的人才尤其不易得。当今文史方面的杰出人才,在老一辈中要推陈寅恪先生,在年轻一辈中要推钱锺书,他们都是人中之龙,其余如你我,不过尔尔!"[①]

在清华时期以至在毕业离校以后,吴宓和钱锺书一直保持密切的关系。吴宓有《赋赠钱君锺书,即题〈中书君诗〉初刊》,诗中说:"才情学识谁兼具,新旧中西子竟通",正是"人中之龙"的说明。钱锺书《论师友绝句》说吴宓"亚絮欧铅意欲兼,闲情偶赋不妨禅",前句用梁启超论严复语,相关吴宓倡导的比

---

① 郑朝宗《但开风气不为师》。

较文化、比较文学思想，后句指吴宓向毛彦文求爱，尽管对方没有接受。① 对于吴宓的成就，钱锺书应该说是后来居上的，但吴宓当年的指路作用，功不可没。

另一位教授是叶公超，钱锺书说的"五位哲人导师而更做朋友的"，他是否在内？尚待考证。他对钱锺书也有过影响。在清华时期，他们经常谈话，当时的同学许振德后来回忆说：

> 大一外文系英文课由叶公超先生（名崇智，后以字行）讲授，课本为英国女作家奥斯汀名小说《骄傲与偏见》（*Pride and Prejudice*）……叶先生时方而立之年，风度翩翩……先生未婚，只身住北院，某岁圣诞前夕，曾偕好友钱锺书往谒。钱兄高才博学，中英文兼优，余自知浅薄，深恐言之不当，但静坐聆听而已。②

如果说吴宓古典色彩较浓的话，叶公超就比较现代化了。叶氏曾在美、英两地先后留学。在美国时得到美国桂冠诗人弗罗斯特（Robert Frost，1874—1963）的赏识，在英国剑桥大学时又和英国诗人 T. S. 艾略特（T. S. Eliot，1888—1965）时相过从③，受艾略特思想的影响颇深。叶公超指出："艾略特的方法，主要

---

① 毛彦文本人关于此事的说明，见毛所著《往事》，百花文艺出版社2007年1月版，第52—57页。
② 许振德《水木清华四十年》，《清华校友通讯》第四十四期，1973年4月台北版。转引自秦贤次编《叶公超其人其文其事》，第15—16页。
③ 许渊冲《钱锺书先生及译诗》，《钱锺书研究》第二辑，第276页。

在于造成一种扩大错综的知觉,要表现整个文明的心灵,要理解过去的存在性……他的重要正在他不屑拟摹一家或一时期的作品,而要造成一个古今错综的意识。"① 钱锺书后来的著作《谈艺录》以至于《管锥编》,综观东西文化和文学,旁征博引,文采斐然,仿佛在制作某种特殊形态的诗。如果抛开体裁形式不论,它们是不是和艾略特的理想也有着某种程度的相通呢?钱锺书对任何权威从无迷信,他后来批评过白璧德②,也讽刺过艾略特③,但是这和自觉不自觉地吸收他们的若干思想,似乎并无矛盾。

写上面这段回忆的许振德称他和钱锺书是"好友",在杨绛记载中尚有一段故事:这位许君原来和钱锺书是同系同班。他因钱锺书夺去了班上的第一名,最初曾想揍他一顿出气,因为他在和钱锺书同学之前,经常是名列第一的。一次偶尔有个不能解决的问题,钱锺书向他讲解了,他很感激,两人由此成了朋友。④ 这段故事颇有侠义小说的味道,也可见清华真挚活泼校风的一斑。

在清华和钱锺书关系较密切的老师还有温源宁,其时他担任北大外语系主任兼清华大学教授。钱锺书的"五位导师兼朋友"

---

① 叶公超文载《清华学报》九卷二期,转引自秦贤次编《叶公超其人其文其事》,第236页。
② 胡志德《钱锺书》,张晨中译本,第33页。参观同书第53—54页注10。
③ 在《围城》第三章中,钱锺书戏译 Eliot 为"爱利恶德",并写了戏仿《荒原》体的劣诗。钱锺书后来在访美时对此有过说明,见水晶《侍钱"拋书"杂记》,《钱锺书研究》第二辑,第323—324页。
④ 杨绛《记钱锺书与〈围城〉》,见《将饮茶》,三联书店1987年5月版,第131页。

中可能有他。温源宁毕业于英国剑桥，文学修养极高，绅士味十足。从今日尚存的钱锺书的诗《与源宁师夜饮归来不寐听雨申旦》①中，可见两人的关系甚好。三十年代，温源宁为清华、北大一些教授画像，用若嘲若讽的笔法，写了一组小品文 Imperfect Understanding，钱锺书戏译其名为《不够知己》。有人怀疑是钱锺书写的，结果逼使钱锺书不得不出来自辩。②钱锺书确实也擅长写此类 essay，传说他后来在蓝田国师任教时，和孟宪承在英国报纸上互相写文章调侃，应该也是这种风格。③钱锺书从清华毕业后，温源宁推荐他去伦敦讲学，后来虽然没有成行，仍可见温氏的推重。④后来温源宁和林语堂在上海创办英文刊物《天下》月刊，钱锺书是写作者之一，师生再度携手。钱锺书大学时代尚有其他来往较为密切的老师，其中可能有张申府、温德等，其关系尚待考证。

在清华的环境中，钱锺书吸收了大量知识。然而，他知识结构的成形，却具有更高的价值。前面说过，钱锺书的知识结构由家学、学校教育、自学三路组成。至此提高了一个层次，跃出了他伯父、父亲和教会学校教学的路子。由于此向上一着的变化，钱锺书尽管得到了陈衍的许多教益，但也知道陈衍的感叹："文学又何必向外国去学呢？咱们中国文学不就很好

---

① 转引自梁锡华《当时年少春衫薄》，台湾《联合文学》第五卷第六期。
② 巫奇《钱锺书与吴宓》（手稿）——此稿承李洪岩先生提供。
③ 季家骥《〈围城〉里的三间大学》，《文汇读书周报》1991年2月2日。
④ 巫奇《钱锺书与吴宓》（手稿）——此稿承李洪岩先生提供。

么?"① 毕竟是不对的。也由于此向上一着的变化,钱锺书才敢于断言他父亲的学问还不完备。② 钱锺书以后在《谈艺录》序中所作的宣言:"东海西海,心理攸同;南学北学,道术未裂。"就是由此而来,钱锺书的境界开阔了。在这样的环境里,钱锺书自觉地进行着中西文两路的进修,有意气风发的形象。请看他的回忆:

> 及入大学,专习西方语文。尚多暇日,许敦宿好。妄企亲炙古人,不由师授。择总别集有名家笺释者讨索之……以注对质本文,若听讼之两造然;时复检阅所引书,验其是非。欲从而体察属词比事之惨淡经营,资吾操觚自运之助。渐悟宗派判分,体裁别异,甚且言语悬殊,封疆阻绝,而诗眼文心,往往莫逆阇契。至于作者之身世交游,相形抑末,余力旁及而已。孤往冥行,未得谓得。③

这就是后来人们所说的钱锺书在大学时代,"读清人文集殆遍"的事实④,也是后来写作《谈艺录》甚至《围城》的坚实基础。钱锺书奋发不已,锋芒初露。

---

① 钱锺书《林纾的翻译》,《七缀集》,第 87 页。
② 胡志德《钱锺书》,张晨中译本,第 4 页。参见钱穆《八十忆双亲·师友杂忆》第 112 页论钱锺书父子异趣。
③ 钱锺书《谈艺录》补订本,中华书局 1984 年 9 月第 1 版,第 346 页。
④ 钱穆《八十忆双亲·师友杂忆》,第 112 页。

钱锺书和清华同学之间的关系，以及在清华同学中的地位，现成的有二说。其一，在清华大学文学院的范围内，钱锺书是出名的"三才子"之首，其余二位是考古学家夏鼐和历史学家吴晗。① 其二，在外文系的范围内，钱锺书又居外文系"龙、虎、狗""三杰"之首。"龙"是钱锺书，"虎"是戏剧家曹禺（当时名"万家宝"），"狗"是后来任南开大学外文系教授的颜毓蘅。后来南开校园里还盛行"狗尚如此，何况龙虎"的雅谑。② 这些近似神话的传说，非常吸引人注意。

　　大约在1925—1932年间，也就是钱锺书入学前后，是清华文科人才极盛的时期。随便翻阅这一时期清华入学新生名册和毕业生名册，可以看到很多后来在不同领域中有所建树的人。仅在文科中举例，1925年第一级中有李健吾、吴祖光。1926年第二级中有夏鼐（后来转学）、余冠英、萧涤非、罗香林、邹文海。1927年第三级中有曹葆华、田德望。1928年第四级中有张岱年。这是钱锺书入学前的四个年级。1929年第五级，也就是钱锺书入学的一级，哲学系有乔冠华，文学系有林庚、吴祖襄（吴组缃），外文系除钱锺书以外，还有曹禺（万家宝）以及许振德、饶余威、颜毓蘅等。此后1930年第六级入学时有何其芳，毕业时这一级有转学而来的夏鼐、吴春晗（吴晗）以及季羡林等。1931年第七级有李长植（李长之）；1932年第八级中有郑朝宗。

---

① 许渊冲《钱锺书先生及译诗》，《钱锺书研究》第二辑，第276页。
② 黄克《龙的飞舞》，《钱锺书研究》第一辑，文化艺术出版社1981年11月第1版，第80页。

这是钱锺书入学后的三个年级。① 1932年以后，清华文科人才渐稀。清华文科人才的再次转盛，一直要到西南联大时期，但这时的人才已经不是钱锺书的同学辈，而是他的学生辈了。

清华文学院"三才子"是不同系不同级的。钱锺书在外文系，夏鼐和吴晗在历史系，分属文史。三人之中，钱锺书后来有其大而化之的成就，夏鼐向考古方面发展，吴晗则偏重明清史，和政治有关联。在清华时期，钱锺书和夏鼐的关系不详，但他和吴晗却是相当熟识的。② 吴晗考入清华比钱锺书低两级（1931年），在入学时，也有相似于钱锺书的特殊经历。他来北京时最初报考北大，考试时文史、英文都得满分，但因为数学零分，结果没有录取。不得已再考清华，数学仍然零分，但由于文史、英文成绩特优，被破格录取。③ 这和钱锺书入学时的经历极其相似。钱锺书、吴晗入学相差仅两年，吴晗最终能够入学，是不是因为有钱锺书的成例在先呢？钱锺书的数学成绩明明是十五分，却被误传为零分，有没有可能是吴晗事例的误植呢？这些问题只能让有兴趣的人去考证了。在清华园内，钱锺书和吴晗都是相当活跃的学生。后来成为著名版本目录学家的赵万里，当时是青年讲师，有一次在课堂上讲版本目录学，他说："不是吹牛，某书的版本只有我见过。"课后有两个学生都讲，不是那回事呀，只

---

① 《清华大学史料选编》（二），《学生概况》，清华大学出版社1991年3月版，下册第779—877页。
② 杨绛《傅译传记五种代序》。
③ 王宏志《吴晗》，人民出版社1987年5月第1版，第13—14页。

有他见过吗？我们也见过呀，而且同他介绍的就不一样。这两个学生就是钱锺书和吴晗。①《清华周刊》上还找得到钱锺书给吴晗的诗。诗中云："多才多艺太伤廉"②，那是鼓励兼调侃了。可见"三才子"之说，有一定的事实根据。

外文系的"三杰"说，遭到钱锺书本人的反对，即"钱锺书谢绝龙喻"③，但也有一定的事实根据。如同钱锺书和吴晗后来的发展道路并不一样，钱锺书和曹禺也有着不同的道路，但当时他们还是有联系的④。吴组缃至今还记得这样一件事：有一天在咖啡室喝茶时，曹禺对他说，钱锺书在那儿，还不让他给你开英文禁书书目？钱锺书果然随手就开出四十多本，包括作者姓名、内容特点等等，写满了一张稿纸的正反两面。⑤可见钱锺书在当时学生中确实大有影响，他的博学和才华得到了同学的敬佩。清华的另一位同学饶余威在一篇《清华的回忆》中写道：

> 同学们中我们受钱锺书的影响最大。他的中英文造诣很深，又精于哲学及心理学，终日博览中西新旧书籍。最怪的

---

① 李洪岩《吴组缃谈钱锺书》，《人物》1992年第1期。
② 《清华周报》37卷5期（1932年3月26日）载钱锺书《辰伯（吴晗）以诗见赠大佳调以二十八字》："精研博综一身兼，每读高文竟不厌。余事为诗亦妙绝，多才多艺太伤廉。"转引自李洪岩《吴组缃谈钱锺书》，《人物》1992年第1期。
③ 舒展《"落索身名免谤增"——钱锺书谢绝龙喻》，《钱锺书杨绛研究资料集》，第55页。
④ 钱锺书在访美时曾提到曹禺，见水晶《侍钱"抛书"杂记》，《钱锺书研究》第二辑，第323页，在访日的学术演讲《诗可以怨》中也提到"当代名剧《王昭君》的主题思想"，《七缀集》，第105页。
⑤ 李洪岩《吴组缃谈钱锺书》，《人物》1992年第1期。

是上课从不记笔记，只带一本和课堂无关的闲书，一面听讲一面看自己的书，但考试时总是第一。他自己喜欢读书，也鼓励别人读书……①

"窗含西岭千秋雪，门泊东吴万里船。"钱锺书不断地进修，自觉不自觉地影响着别人。

---

① 《清华大学第五级毕业五十周年纪念册》（1984），转引自杨绛《记钱锺书与〈围城〉》，见《将饮茶》，三联书店1987年5月版，第130—131页。

三、从清华到牛津（下）

在清华大学读书时期，钱锺书试笔写作。他在大学时代的一系列文章，最初刊登在《清华周刊》上，以后又刊登在《大公报》和《新月》月刊上。《清华周刊》是清华学生自治会的刊物，钱锺书入校后，在二年级时担任了该刊的英文编辑，该刊的中文编辑还有吴祖襄（吴组缃）等。钱锺书在这份刊物上用中、英文写稿，影响还局限于校内；后来为《大公报》和《新月》月刊写稿，就有一定的社会影响了。

钱锺书为《大公报》和《新月》月刊写稿，与清华的老师有关：为《大公报》写稿是和清华哲学系的老师张申府相关，为《新月》月刊写稿则和叶公超相关。张申府（崧年，1893—1986）曾经是中国共产党创建时期的领导人，最初和李大钊共同发起北京共产主义小组。1921年至1922年，他在巴黎成立共产主义小组，在柏林建立中共支部，并且是周恩来和朱德的入党介绍人。回国后参与筹建黄埔军校，周恩来出任该校政治部主任。1925年，张申府脱党，以后在多所大学任教，主要从事分析哲学的介绍，宣传罗素颇力，而其时正主编《大公报》"世界思潮"专栏。对于张申府从政和从学的是是非非，有着种种不同的见解，但是他在从政时能识拔周恩来和朱德，在从学时能识拔钱锺书，确实有鉴人之识。张申府在《大公报》上写道："钱默存先生乃是清华最特出的天才；简直可以说，多份在现在全中国人中，天分学力也再没有一个人能赶上他的。因为默存的才力学力实在是绝对地罕有。"① 表现了他对这位天才学生的偏爱。钱锺书在这里也发表了一批文章，如评论摩尔、布拉德莱、罗素、詹姆斯和桑塔耶那五位现代思想家的《作者五人》等。

《新月》月刊其时已过了全盛时期，在徐志摩死后更是逐渐式微。1932—1933 年，叶公超负责最后六期的编务，汲引、提拔了一批新人：清华外文系的曹宝华（葆华）、中文系的余冠英、哲学系的李长之、外文研究所的杨季康（笔名杨绛），以及北大的卞之琳和李广田。这批人后来都成为重要作家，大抵因投稿《新月》而成名。② 钱锺书也是在这份刊物上崭露头角者之一，当时颇引人注目。赵景深回忆说："从前《新月》杂志的书报评论出现了中书君的书评，可说是一鸣惊人，文艺工作者对这曾付以甚大的注意。"③ "中书君"的笔名，语出韩愈《毛颖传》："累拜中书令，与上益狎，上尝呼为中书君"，"上嘻笑曰：'中

---

① 见《大公报》1932 年 10 月 15 日。此材料承李洪岩先生提供。
② 秦贤次《叶公超其人其文其事》，第 16—17 页。
③ 赵景深《钱锺书杨绛夫妇》，见《文坛忆旧》，北新书局 1948 年 4 月版，上海书店 1983 年 12 月影印，第 119 页。

书君老而秃,不任吾用。吾尝谓君中书,君今不中书耶。'"此笔名有多重意义:既呼应钱锺书本人的姓名"锺书",又指称笔的功用;既用古典,又含有青春气息,诙谐双关,极妙。

钱锺书写的大都是书评。如果不算少年时代的那些受称赞的作文和小考证,钱锺书第一篇比较正规的文章是代他父亲为钱穆《国学概论》写的序。这篇文章受到他父亲的许可,一字未改[①],但写作态度是信笔挥洒式的,比较随意。其后是在《清华周刊》和《大公报》上的文章,也相当随意。而在1932—1933年,也就是钱锺书在清华读书的最后一年,他在《新月》上发表了一组书评,那就多少有些分量了。这组书评是他大学时代最成熟的写作,它们已经不单单是兴之所至的发挥,而是和当时的社会文化有所接轨了——跃出了个人兴趣的狭小天地。

这组文章比较重要的有三篇,分别评论周作人《中国新文学的源流》、曹葆华《落日颂》和沈启无《近代散文钞》,发表于《新月》月刊第四卷第四期、第四卷第六期、第四卷第七期。钱锺书文章评论的对象——《中国新文学的源流》和《近代散文钞》的观点接近,把中国新文学溯源于明末的"公安"、"竟陵"。周作人和沈启无为师弟子,《源流》发凡,提出纲领性意见;《钞》则承袭,编选明末清初的小品。《源流》以《钞》的目录为附录,《钞》以周作人的序弁首。在钱锺书身处的三十年代,"近代"和"现代"两个概念在当时有特定的含义。"近代"

---

① 杨绛《记钱锺书与〈围城〉》,见《将饮茶》,三联书店1987年5月版,第130页。

指清初以后，不是后来史家指1840年"鸦片战争"以后；"现代"的含意也比后来狭窄，如钱基博把自己所著的文学史冠以"现代"的名称，具体时间相当于清末民初，和后来史家的"现代"概念并不相同。钱锺书针对周作人、沈启无写的两篇书评，在时间上是从当时的"近代"切入了当时的"现代"，至于第三篇《落日颂》直接评论清华同学的作品，那就是当时的"当代"文学了。

周作人《中国新文学的源流》的基本观点有二：一、明末公安派、竟陵派的新文学运动，和民国以来的这次文学革命运动，在趋向上和主张上不期而合；二、把文学史分为"载道"和"言志"两派的互为起伏，所谓"文以载道"和"诗以言志"。周作人主"言志"而绌"载道"，目的是为当时的新文学以及新文学中他所主张的一派寻找根据，予以辩护，也就是钱锺书后来所说的"事后追认前驱"（préfiguration rétroactive）[①]，对文学史研究并无太大的价值。钱锺书据此对周作人进行了批评，揭露了好多观点上和事实上的错误。这场批评的是非，在事过境迁以后，已不重要。可以注意的倒是这位在校大学生文章中透露的才气和敏锐，有些观点颇为辛辣：

> 周先生引鲁迅"从革命文学到遵命文学"一句话，而谓一切"载道"的文学都是遵命的，此说大可斟酌。研

[①] 《中国诗和中国画》，《七缀集》，第2页。

文学史的人，都能知道在一个"抒写性灵"的文学运动里面，往往所抒写的性灵成为单一的模型（pattern）；并且进一步说，所以要"革"人家的"命"，就因为人家不肯"遵"自己的"命"。"革命尚未成功"，仍需继续革命；等到革命成功了，便要人家遵命。这不仅文学上为然，一切社会上政治上的革命，亦何独不然。所以，我常说："革命在事实上的成功，就是革命在理论上的失败。"……后之视今，犹今之视昔，世间有多少始于"革"而不终于"因"的事情。

这是钱锺书对"革"（革命文学）"鼎"（遵命文学）两象变化的辩证看法，既反映着他的文学史观，也透露着他对时代的认识。易象"革"主变动，"鼎"主稳定，这里的阶段性循环，既有其内在矛盾，也有其统一。同一篇文章还谈到了时间的古今交涉，见解也非常精辟：

过去是给现代支配着的，同一件过去的事实，因为现在的不同，发生了两种意义。我们常常把过去来补足现代的缺陷，适应现代的嗜好，"黄金时代"不仅在将来，往往在过去，并且跟着过去转移。

这里引用的两段早期作品，标示了钱锺书认识时间的纲要，同样的思想后来还经常出现。

在评论曹葆华的《落日颂》中，如果撇开具体的评论，值

得注意的是钱锺书对神秘主义的评论。这是后来《谈艺录》和《管锥编》讨论神秘主义的先声:

> 神秘主义需要多年的性灵的滋养和潜修……要和宇宙和人生言归于好,要向东方和西方的包含着苍老的智慧的圣书里,银色的和墨色的,惝恍着拉比(Rabbi)的精灵的魔术里找到通行入宇宙深秘处的护照,直到——直到从最微末的花瓣里窥见了天国,最纤小的沙粒里看出了世界,一刹那中悟彻了永生。

在中国现代评论家中,对神秘主义有大量引述的,大概主要就是钱锺书了。钱锺书在这里所写的,正是《谈艺录》《管锥编》分析神秘主义的前导。

1933年,钱锺书毕业于清华大学,受聘至上海光华大学外文系任讲师,教授英语,并于此年和杨绛订婚。钱锺书晚年曾自称自己是一个 happily married man[①],这是他一生幸福婚姻的开始。杨绛也是江苏无锡人,是清末民初著名律师杨荫杭的女儿。她原名杨季康,后来用"杨绛"的名字发表作品,"绛"似乎是"季康"字音的反切。

杨绛1911年7月出生于北京,在童年和少年时代,随父亲辗转迁徙,就读于北京、上海、苏州等地的小学和中学,读书聪

[①] 水晶《侍钱"抛书"杂记》,《钱锺书研究》第二辑,第326页。

慧。1932年，她毕业于苏州东吴大学政治系，得文学士学位，同年考入清华大学研究院，为外语系研究生，并和钱锺书相识。杨绛大学毕业后，已经申请到了美国某大学的奖学金，有条件直接留学，但杨绛不愿出国攻读政治，只想考清华研究院攻读文学。她母亲后来取笑道："阿季（按：杨绛小名）脚上拴着月下老人的红丝呢，所以心心念念只想考清华"[①]，指的就是和钱锺书的恋爱。

杨绛回忆自己初识钱锺书的印象时说："我初识锺书的时候，他穿一件青布大褂，一双毛底布鞋，戴一副老式大眼镜。"[②] 我们今天还能见到钱锺书在清华的毕业照片，证明杨绛所言不虚。单纯、拙朴而自然流露，这是钱锺书一生都保持着的内在精神气质，他确实是风神俊逸的。

钱锺书任教光华大学期间（1933—1935），发表文章的主要园地有《光华大学半月刊》、《国风》半月刊和《学文月刊》等。在《光华大学半月刊》上，钱锺书发表有《上家大人论骈文流变书》（1933年第七期）；在《国风》半月刊上，发表有《中国文学小史序论》（三卷八期，1933年10月）和《与张君晓峰书》（五卷一期，1934年7月）等；在《学文月刊》上，发表有《论不隔》（一卷三期，1934年7月）。这些文章都是清华论文的余绪，前三篇反映了钱锺书对新、旧文学的看法，后一篇更被誉为《谈艺录》的先声。《学文月刊》是由叶公超、闻一多、林

---

① 杨绛《回忆我的父亲》，见《将饮茶》，第52页。
② 杨绛《回忆我的父亲》，见《将饮茶》，第111页。

徽因等《新月》同人创刊的,可以说是《新月》的后身,为其撰稿的,除《新月》原班人马外,多为清华、北大的高材生,如清华外文系季羡林、经济系杨联陞、外文研究所赵萝蕤;北大哲学系何其芳,又有闻家驷、李健吾、卞之琳等。[1]

钱锺书到光华大学教书,是来和他父亲钱基博团聚的。钱基博中年以后,专治集部,撰著极多,而以《现代中国文学史》《中国文学史》规模最大。《现代中国文学史》其时早已撰就出版(1933年9月,上海世界书局),《中国文学史》完成稍迟,直到任教蓝田国立师范学院时才有铅印本问世。钱锺书和他父亲的学问虽有相承,但不尽相合。

钱基博对钱锺书在立身行事上多有教饬,现在还保存着他的《谕儿锺书札两通》(写于1931年、1932年)。信中说:"子弟中,自以汝与锺韩为秀出,然锺韩厚重少文,而为深沉之思,独汝才辩纵横,神采飞扬,而沉潜远不如!勿以才华超绝时贤为喜,而以学养不及古贤人为愧!"又说:"现在外界物论,谓汝文章胜我,学问过我,我固心喜!然不如人称汝笃实过我,力行过我,我尤心慰!""我望汝为诸葛公、陶渊明,不喜汝为胡适之、徐志摩!"[2] 这些信体现了父亲对儿子的期待和爱护,而钱锺书也有着积极的回应。《上家大人论骈文流变书》已是他父子间的论学,《中国文学小史》更是他试图自出手眼之作。《小史》虽未写成,但《序论》还在,保存着他当年的若干思路。《小

---

[1] 秦贤次《叶公超其人其文其事》,第17页。
[2] 《光华大学半月刊》1932年12月号。此材料承李洪岩先生提供。

史》截止于清季,不及民国以来的新、旧文学,引陈简斋《葆真池上》名句"微波喜摇人,小立待其定"收束全文,亦玉蕴而珠藏之意。

这一时期重要的文章是《与张君晓峰书》,此文谈文言和白话问题,有鲜明的时代性。

与张君晓峰书

晓峰我兄先生师事:

奉书极快,承询及文言白话问题,若仅从标题看来,则似乎已成 Dead issue,无需讨论。往日之所以输攻墨守,争端大起者,以双方皆未消门户之见,深闭固拒,挟恐见破,各否认彼此根本上之有存在价值也。至于今日,则事过境迁,气稍释而矜稍平,此中纠纷,已由时间代为解决,无需辩生于末学。即如吴师雨僧力挽颓波,而近年来燕居侍坐,略窥谈艺之指,亦已于"异量之美"兼收并蓄,为广大教化主矣。窃谓苟自文艺欣赏之观点论之,则文言白话,骖驔比美,正未容轩轾。白话至高甚美之作,亦断非可家喻户晓,为道听途说之资。往往钩深索隐,难有倍于文言者。譬之谈者力非文言文之用典故,弟以为在原则上典故无可非议;盖与一切比喻象征性质相同,皆根据类比推理(Analogy)来。然旧日之典故(白话文学中亦有用典者,此指大概)尚有一定之坐标系,以比现代中西诗人所用象征之茫昧惚恍,难于捉摸,其难易不可同年而语矣。若从文化史了解之观点论之，则文言白话皆为存在之事实；纯粹历史之观点只能接受，不得批判；既往不咎，成事不说，二者亦无所去取爱憎。若就应用论之，则弟素持无用主义（Futilitarianism），非所思存，恐亦非一切有文化人之所思存也，一笑。故以繁简判优劣者，算博士之见耳；孔子曰："词达而已。"《养一斋诗话》所谓："文章各有境界，宜繁而繁，宜简而简，推简者为工，则减字法成不刊典。"以难易判优劣者，惰夫懦夫因陋苟安之见耳；彼何知文艺之事政须因难见巧乎？若云不读文言则于吾邦旧日文化不得亲切体会，弟亦以为不然。老师宿儒皓首穷经，亦往往记诵而已，于先哲之精神命脉，全然未窥，彼以版本考订为文学哲学者，亦何尝不以能读古书自诩于人耶？盖读书本为"灵魂之冒险"，须发心自救，树之为规律，威之以夏楚，悬之以科甲，以求一当，皆官样文章而已！《四书》著在功令，垂千余载，孔孟之教，其效何在？反而求之，思过半矣。抑弟以为白话文之流行，无形中使文言文增进弹性（Elasticity）不少，而近日风行之白话小品文，专取晋宋以迄于有明之家常体为法，尽量使用文言，此点可征将来二者未必无由分而合之一境，吾侪倘能及身而见之欤！专复即叩

  教安

教小弟钱锺书顿首 六月十日

  发端于"五四"运动时期的新文学运动，有着政治和文化

的多重意义。其中最重要的改变之一就是废止已沿用数千年的文言，启用白话。在此以前，近代文学运动中的提倡白话还是取其通俗易懂和易于普及，到了"五四"新文学运动中，提倡白话的意义就是在倡导一种联系新思想的新文体了。1917年，胡适写《文学改良刍议》，提出"八事"，倡导白话。1918年5月《新青年》第四卷第五号改用白话文。1920年，北洋政府教育部承认以白话为"国语"，通令采用，标志着白话的胜利。但是，文言文是不是等同于死的语言，它是不是还有生命力呢？

　　钱锺书《与张君晓峰书》表达了他在"五四"新文化运动文言白话争论大定之后的看法，其内容据后来研究者归纳有十一点之多。① 这封信，肯定文言和白话有同样的价值，从两者互相补充、互相滋润的角度立论，客观而平情。白话文的"白"要做到内含七色的"白"，而不是一穷二白的"白"。而白话文的流行，也无形中使文言文增进不少弹性（elasticity）。这封信，是钱锺书对文言白话问题自订的实践标准，以后《谈艺录》和

---

① 罗久芳《钱锺书早年的两封信和几首诗》归纳此文为十一点：1. 肯定文言白话同样有存在的价值。2. 就文学欣赏而言，文言文作品和白话文作品俱有优秀篇章。3. 白话文要写得好，并不如一般人所想那么容易，实则和文言文写得好同样困难。有时要写好白话文比写好文言文更困难。4. 文言文的典故，原则上无可非议。这种情形和白话文作品用典乃至用象征手法等相类。5. 文言白话俱属历史存在之事实。既然如此，事实只能接受，不能批判。6. 文章不能以难易判优劣。7. 文章不能以繁简判优劣。应繁则繁，应简则简。8. 专读文言并不保证一定能亲切体会旧日中国文化。止乎记诵的穷经法，到头来可能对典籍的精神命脉一窍不通。9. 读书重在当事人因兴趣而有的勇进究研精神。若目的只在随俗、免苦、获利、求名，则尽失读书的真义。10. 白话文的流行无形中使文言文增加弹性，所以能裨益文言。11. 三十年代风行一时的小品文熔文白于一炉，这可能为将来的文学语言以至文学创作开辟新境界。见台湾《联合文学》第五卷第六期。

《围城》的写作，分别用文言白话，已发端于此。

1935年秋，钱锺书考得英国庚子赔款奖学金，同年和杨绛在无锡七尺场钱府举行婚礼，随后两人一同赴英留学。美国退还庚子赔款的结果是成立清华大学，英国退还庚款则稍稍迟至1930年，此款的一部分用来举行留英公费生考试，对录取者给予奖学金。英国庚子赔款留学生考试从1933年到1944年前后共办了八届，共派出学生177人，其中每届都有赴牛津大学的，钱锺书就是其中之一。

关于钱锺书考取庚款赴英，有过多种传说。一种传说是：当年在清华时，叶公超（他曾留学美、英两国）在课堂上半开玩笑地对钱锺书说："你不应该进清华，你应该去牛津。"这句话后来果然应验了。又据说，有人本来要考庚款，听说钱锺书报了名，就说他一定考取，别人就不必妄图非分了。[1] 又据回忆，应考庚款的学生大多是西装革履，而钱锺书则布鞋布袍，不改本色，而考试成绩之优使外国教授也大感意外，竟不敢信其为真。[2]

这次考试是1935年4月举行的，现在还可以查到钱锺书考取庚款时的分数：在录取的各科二十四名学生中，钱锺书取得了最高分，平均成绩是87.95分，八十分以上仅此一人，其余是七十分以上三人，依次为77.80分、76.35分、72.86分，六十分以上十四人，五十分以上六人。而下一届录取英美文学专业平均

---

[1] 许渊冲《钱锺书先生及译诗》，《钱锺书研究》第二辑，第276页。
[2] 张大年《围城新论》（手稿）。

仅 63.90 分，相差二十余分[①]。可见钱锺书拉高了考试的分数线，成绩绝对优异，难怪外国教授感到惊奇。

牛津大学是英语国家中最古老的大学，在英国历史、政治、文学上占有独特的地位。它起源于十二世纪下半叶，其后于十三世纪初又分出了姐妹大学——剑桥大学。这座具有八百年历史的大学城，在历史上培养出了大量哲学家、科学家、文学家和政治家。1930—1931 年，吴宓游学欧洲，曾访问过牛津大学、巴黎大学等，在牛津曾留有《牛津大学风景总叙》诗[②]，可以见出三十年代牛津风貌的一斑：

> 牛津极静美，尘世一乐园，
> 山辉水明秀，天青云霞轩。
> 方里极群校，嶙峋玉笋繁，
> 悠悠植尖塔，赫赫并堞垣。
> 桥屋成环洞，深院掩重门，
> 石壁千年古，剥落黑且深。
> 真有辟雍日，如见泮池存，
> 半载匆匆往，终身系梦魂。

吴宓如此赞叹牛津，似乎是人间的理想世界。钱锺书后来最

[①] 刘真主编《近代中国教育史料丛刊》，王焕琛编著《留学教育》第四册，第 1931—1933 页。

[②] 转引自裴克安《牛津大学》，湖南教育出版社 1986 年 9 月第 1 版，第 19 页。

终选择牛津,是不是也有着吴宓的一定影响呢?

钱锺书来牛津就读的是创立于 1314 年的埃克塞特学院(Exeter College)①,它在牛津学院的建立史上位居第四,是当时的二十六个学院之一②。钱锺书来到牛津读书研究,感受其保守而严谨的学风。牛津大学图书馆是建立于 1748 年的博德利图书馆,它位于牛津大学的中心处,是世界著名的大学图书馆之一。总馆藏书量达四百五十万册,并从十七世纪起就开始收藏中文书籍和阿拉伯文书籍。钱锺书来此留学后,曾戏译其馆名为"饱蠹楼",当时颇为流传。③ 来到牛津后,钱锺书和杨绛把听课之外的时间全花费在这里。二人借来大堆书,固定占个座,每天挨着次序一本一本地读,并认真做笔记④,大大充实着自己的知识修养和外语水平,真正"饱蠹"了。

钱锺书在牛津的生活和读书状况,目前能见到的回忆资料不多。杨绛记载钱锺书在牛津有过一次苦学,那时论文预考必须考"版本和校勘"那一门课,要求能辨认十五世纪以来的手稿。钱锺书毫无兴趣,因此每天读一本侦探小说休养脑筋,结果考试不及格,只好暑假后补考了事。⑤ 美国胡志德《钱锺书》中也提到钱锺书的古英语考试未获通过。⑥ 杨绛说的"版本和校勘",应

---

① 茅国权《〈围城〉英译本导言》,《钱锺书研究》第一辑,第 251 页。
② 裘克安《牛津大学》,第 61 页。
③ 裘克安《牛津大学》,第 12 页。
④ 丁曦林《传播光明的文学使者——访作家、翻译家杨绛》,见《钱锺书杨绛研究资料集》,第 537 页。
⑤ 杨绛《记钱锺书与〈围城〉》,见《将饮茶》,三联书店 1987 年 5 月版,第 133 页。
⑥ 胡志德《钱锺书》,张晨中译本,第 7 页。

该就是胡志德说的古英语考试。杨绛说胡志德后来在《钱锺书》中把这件事删去了，似乎不确，否则钱锺书在牛津要补考的课该有两门了。在牛津，钱锺书和杨绛有了自己的爱女——钱瑗（小名阿圆）。有这样一件趣事，家人们看到这位出生不久的婴儿的照片，发现她睡的"摇篮"，竟是一只书桌的抽屉！① 钱瑗出生在英国，合法地具有了英国的国籍，后来钱锺书、杨绛坚持让她放弃了英国国籍，这也是钱氏夫妇爱国思想的证明之一。

一直到考取庚款为止，钱锺书在国内的考试中一直名列前茅。但在牛津，他的特长似乎没有得到发挥。钱锺书在后来的回忆中，并不把牛津的生活看得十分顺当。他掌握了三四种欧洲语言，这是英国大学的起码要求；而他对中国人文百科全书式的知识，也未能给那些导师留下印象，因为他们对中国文学的悠久传统漠然无知。② 一个多世纪以来，牛津一直聘用汉学教授，但他们的学问也许对钱锺书还不能产生真正的吸引力。钱锺书联想不绝的才华，在牛津似乎也没有得到真正的用武之地。但是，牛津严谨的学风以及收藏的丰富文献资料，仍然极大地充实了钱锺书，并且帮助他完成了学位论文《十七、十八世纪英国文学中的中国》(China in the English Literature of the Seventeenth and Eighteenth Centuries)③，从而获得了 B. Litt 的学位，此一学位即高级文学学士，和文学硕士

---

① 张大年《围城新论》（手稿）。
② 宋淇的回忆，转引自胡志德《钱锺书》，张晨中译本，第 7 页。
③ 这篇论文后来发表在《图书季刊》(Quarterly Bulletin of Chinese Bibliography) 1 卷 4 期（1940）和 2 卷 1—2 期；3—4 期（1941）。

第一章　早年生活和求学时代（1910—1938）

相当①。1937年，钱锺书在牛津大学毕业。同年，校方决定聘用他为中文讲师（readship），钱锺书谢绝了聘任，和杨绛一起到了法国巴黎大学研究院，研究了一年法国文学。

巴黎大学的历史也极为古老，它和意大利博洛尼亚大学（Bologna）是欧洲最早的教育中心，在十一世纪末已形成"总学"（Studium Generale）。牛津形成"总学"在十二世纪，实际也从这两所大学发展而来②，这三所大学是欧洲大学之根。钱锺书由牛津到巴黎，感受英伦三岛和欧洲大陆的不同学风，并插入巴黎大学的高年级班继续深造。

在巴黎的学习生活比较自由，白天他们经常出去坐咖啡馆，注意从社会中学习语言和汲取知识，或逛旧书店，而晚上一般都回到住处静静地阅读大量书籍。③继在牛津的两年之后，钱锺书夫妇在巴黎的一年尤其必要，这不仅使他能更深入地理解欧洲各国的文化和文学，也给他所掌握的多种欧洲语言提供了实地考察、运用和体味的机会。钱锺书后来谈学习多种外语的重要性时说："你们也有机会饱尝异味，只要你们肯努力去克服这巴贝尔塔的诅咒（The curse of the Babel）。"④ 对欧洲各种文化和文学兼容

---

① 裘克安《牛津大学》，第50页。
② 李兴华《巴黎大学》，湖南教育出版社1988年5月版，第61页。参见裘克安《牛津大学》，第21页。
③ 丁曦林《传播光明的文学使者——访作家、翻译家杨绛》，见《钱锺书杨绛研究资料集》，第538页。
④ 钱锺书《谈中国诗》（1945年12月6日在上海美军俱乐部的讲稿），《大公报》1945年12月10日。

并蓄和融会贯通,对他后来的发挥所学,提供了丰富的可行性。

在牛津时期,钱锺书仍然写文章寄回国内发表,最成功的一篇是《谈交友》,这是他回国写作的开端,颇具妙义。其中写道:

> 大学问家的学问跟他整个的心情陶融为一片,不仅有丰富的数量,还添上了个别的性质;每一个琐细的事实,都在他的心血里沉浸滋养,长了神经和脉络,是你所学不会、学不到的。[①]

此一宣言,恰为他本人一生学问和人格的自我写照,开启了钱锺书人生新的时期。钱锺书成熟了,他对未来充满了高度的自信心。

1938年夏,清华大学函聘钱锺书为西方语言文学系教授。9月,钱锺书和杨绛携女儿钱瑗乘法国邮船回国。他们结束了学生时代,踏入人生新的阶段。

[①] 钱锺书《谈交友》,《文学杂志》1卷1期,1937年5月。

第二章 意园神楼（1939—1949）

一、在创作和评论两路精进

1936年至1939年间,欧洲和中国上空战云密布。1937年7月,北京卢沟桥事变爆发,中国开始了长达八年的抗日战争。1939年3月,德国侵占捷克斯洛伐克,9月进攻波兰,第二次世界大战全面爆发。1938年夏,在两次战争爆发的间隙,钱锺书夫妇回国,正应着《围城》开篇时所说的"兵戈之象"①。钱锺书后来回忆说:他们本来在国外还可以延长一年的,但还是决定回来了。要是留在外国就碰上打仗了,晚一年恐怕回不来了。②夫妇二人对当时的险恶形势记忆犹新。

钱锺书没有在巴黎大学继续学业和考学位,是应母校清华大学的聘请回校任教授的。按照清华旧例,初回国教书的人只能当讲师,由讲师升副教授,然后升教授。清华大学直接聘任钱锺书

---

① 《围城》第一章。
② 孙雄飞《钱锺书、杨绛谈〈围城〉改编》,解玺璋主编《围城内外——从小说到电视剧》,世界知识出版社1991年8月第1版,第47页。

为教授,是破格之举。① 但是由于战争形势,钱锺书没有能直接回到清华大学,因为母校已经搬迁。1937年卢沟桥事变后,清华、北大、南开这三所北方的著名大学被迫南迁,组成长沙临时大学。同年12月,因时局紧张,又迁往大后方云南昆明。1938年5月,组成西南联合大学,简称"西南联大",一直坚持到抗战结束。

1938年10月,钱锺书在香港上岸,直接去昆明西南联大任教,杨绛则携女儿乘原船回上海省视父亲。其时杨绛在苏州的家已被日寇洗劫一空,母亲在一年前去世,父亲避难上海。钱锺书在无锡的家人,也在战争中避乱到了上海。

1938年至1949年是中华民族的困难时期,也是钱锺书一生最初的困难时期。钱锺书在求学时代,一直处于相对优越的环境中,而现在已不得不直接面对外界的压力了。但是,就在这一时期,钱锺书完成了他最初的主要著作。来自民族和个人的种种困难刺激了他,他的著作也可以看成对困难的反应。钱锺书本人反复提到了这里的联系:

《谈艺录》序一:

> 余身丁劫乱,赋命不辰。国破堪依,家亡靡托。迷方著处,赁屋以居。先人敝庐,故家乔木,皆如意园神楼,望而

---

① 清华对教授的升任掌握确实严格。例如同为清华毕业、已留校三年的吴晗,在清华就没有被聘任为教授。后来应云南大学校长熊庆来的聘请,才于1937年9月到云大担任了教授。见王宏志《吴晗》,人民出版社1987年5月第1版,第40页。

第二章　意园神楼（1939—1949）

莫接。少陵所谓："我生无根蒂，配尔亦茫茫"，每为感怆。

《谈艺录》序二：

《谈艺录》一卷，虽赏析之作，而实忧患之书也。

《围城》序：

两年内忧生伤世，屡想中止。

《人·兽·鬼》序：

假如这部稿子没有遗失或烧毁。

《人·兽·鬼》序二：

此书稿本曾由杨绛女士在兵火仓皇中录副。

这就是钱锺书所身处的抗日战争的时代背景。钱锺书在这样困难的环境下写出了他初期的主要著作《围城》和《谈艺录》。不仅《围城》和《谈艺录》对应着抗日战争的时代背景，钱锺书以后的其他主要著作也都对应着不同的时代背景。《宋诗选注》的时代背景是1957年的反右运动，《管锥编》（以及《感觉、观念、思想》?)的时代背景是十年"文化大革命"。

虽然钱锺书所从事的研究和创作并不直接关涉和反映时代,虽然作者自称"retired person"(闭门不管天下事的人)[①],时代背景还是投射到这些著作中,并且从这些著作中自觉不自觉地显示出来。读钱锺书著作,如果没有感受到书中的时代背景,而仅仅停留在辞句的欣赏和资料的利用上,不能得其大体。但是读钱锺书著作,仅仅领会时代背景还不够,真正的深入在于感受其中所体现的时代精神,这里有着真正的精华。[②]

在钱锺书著作中比较体现时代精神的,应该是晚年集大成著作《管锥编》,但《谈艺录》和《围城》也有其重要作用。在当时的不利的战争环境下,《谈艺录》重视东西方之间的物质交流以外的文化交流,《围城》以外来的手法和作风写中国的"某一部分社会,某一类人物",已经表现了钱锺书一生重要的写作趋向。作者在沦陷区坚持独立治学和创作,坚持不屈服的民族气节,如果没有感受到比时代背景更深的时代精神,就失去了内在的依托。这种时代精神,钱锺书从他所沉浸的东西方典籍中,从智慧观照中,一定是深切感受到的,否则他怎么可能淡泊自甘,在当时以及后来如此长的一段时间内坚持走一条理解者相对不多的道路?时代精神指引着他,他在创作和评论两路精进,终于积渐而达大成之象。

---

① 水晶《侍钱"抛书"杂记》,《钱锺书研究》第二辑,第325页。
② 钱锺书曾反对机械理解"时代精神"、"地域影响"等名词,见《谈艺录》补订本,第304页。

第二章　意园神楼（1939—1949）

钱锺书归国后，最初在内地，其中1938—1939年在云南昆明的西南联大，1939—1941年在湖南蓝田的国立师范学院。此后回上海长住，其中1941—1945年在沦陷区的上海，而1946—1949年已然光复。总体形象是飘荡不定，《围城》和《谈艺录》就是在这样不安定的环境下写成的。

钱锺书归国后首先奔赴西南联大。促成钱锺书来联大任教的是清华文学院院长冯友兰和外文系主任叶公超。冯友兰来函说，聘钱锺书任教授是破例的事。[1] 叶公超则特地请求钱基博同意，让钱锺书来联大任教。[2] 当时的昆明，中央研究院历史语言研究所、北平研究院、西南联大等单位已先后迁来，作家、学人云集，其时西南联大的著名学者有冯友兰、朱自清、汤用彤、陈寅恪、陈梦家、赵萝蕤、钱穆等，此外又有吴宓、叶公超、王竹溪、华罗庚、陈省身等。[3] 而在云南大学任教的吕叔湘、施蛰存等，和钱锺书同住一个院落，课余常见钱锺书勤奋读书。[4] 吴晗在1937年也一度居住于此，但钱锺书来时已经搬出。[5] 人才之盛，可见一斑。

钱锺书在西南联大外文系任教，是当时最年轻的教授之一。他担任了三门课："欧洲文艺复兴"、"当代文学"和"大一英

---

[1] 杨绛《记钱锺书与〈围城〉》，《将饮茶》，第105页。
[2] 胡志德《钱锺书》，张晨中译本，第8—9页。
[3] 张其昀《西南联大纪要》，见《学府纪闻——国立西南联合大学》，南京出版社有限公司1981年10月版，第43页。又许渊冲《钱锺书先生及译诗》，《钱锺书研究》第二辑，第229页。
[4] 据施蛰存先生对笔者所述的回忆。
[5] 参观王宏志《吴晗》，第40—41页。

文",前两门是高年级的选修课,后一门是一年级学生不分院系的公共必修课。上过钱锺书课的学生有许国璋、杨周翰、王佐良、周珏良、李赋宁、查良铮(穆旦),又有杨振宁、许渊冲等人。[①] 这些学生后来都成为一代之选。许国璋回忆钱锺书当时上课的情形说:

> 钱师讲课从不满足于讲史实、析名作。凡具体之事,概括带过,而致力于理出思想脉络,所讲文学史,实是思想史。师讲课,必写出讲稿,但堂上绝不翻阅。既语句洒脱,敷陈自如,又禁邪制放,无取冗长。学生听到会神处,往往停笔默记,盖一次讲课,即是一篇好文章,一次美的感受。[②]

可见钱锺书讲课深受学生欢迎的情景。陈寅恪、吴宓后来见到了他讲课时学生整理的听课笔记,也极为赞赏,以为"人才难得"。[③]

在昆明时期,钱锺书开始写作随笔散文,这是他牛津随笔写作的继续,前后风格有一致之处。这批钱锺书回国后最初的写作,后来汇集成了《写在人生边上》,当时有数篇曾以《冷屋随笔》为题发表。"冷屋"指昆明文化巷11号作者的书房,"冷"疑有"冷眼旁观"的意义,"写在人生边上"和"冷眼旁观",

---

[①] 许渊冲《钱锺书先生及译诗》,《钱锺书研究》第二辑,第275页。
[②] 许国璋《外语教育往事谈》,第209页,转引自《钱锺书研究》第二辑,第275页。
[③] 吴学昭《吴宓和陈寅恪》,清华大学出版社1992年3月第1版,第103页。

第二章　意园神楼（1939—1949）

彼此呼应。

钱锺书的这些随笔，在当时影响很大。例如1939年4月出版的《今日评论》一卷十四期刊登了《一个偏见》，文章第一句"偏见可以说是思想的放假"，联大同学读了，无不拍手称妙。后来《中央日报》副刊发表了《魔鬼夜访钱锺书先生》，文章写道："你若要知道一个人的自己，你须看他为别人做的传；你若要知道别人，你倒该看他为自己做的传。自传就是别传。"也是受到传诵的名句。① 钱锺书归国后写作的这些英国风格的散文，以深沉的智慧观照一切事物，极富哲理意味，传诵一时。

1938年夏至1939年夏，钱锺书在西南联大外文系教了一年书。他的教学极为成功，但也有人事上的纠葛，据说是引起了一些人的妒忌和排挤。才华横溢在学生时代是容易受到赏识的，但在进入社会后，就不那么容易得到理解和支持了。钱锺书在学术上任意臧否人物的狂态，或许得罪了一些人。1939年暑假，他从昆明回上海探亲。其时，父亲钱基博已经就任湖南蓝田国立师范学院教授兼国文系主任，来信来电，说自己老病，要钱锺书去湖南照料。师范学院院长廖世承（茂如）来上海反复劝说他去当英文系主任，这样他就不回昆明而到湖南去了。②

"国师"的班底来自原上海光华大学，院长是著名教育家廖世承，他聘请了沪、湘、渝部分一流学者，除钱基博、钱锺书父

---

① 许渊冲《钱锺书先生及译诗》，《钱锺书研究》第二辑，第279页。
② 钱锺书未赴昆明而改赴蓝田，主要是出于父子亲情，西南联大的人事纠缠也可能是间接的促因。参看吴学昭《吴宓与陈寅恪》，第103页；胡志德《钱锺书》，第9页。

子外，还有孟宪承、高觉敷、钟泰（以上沪）、马宗霍、李达、刘佛年、李剑农、骆宏凯、汪德耀、储安平（以上渝）……人才极一时之盛。钱锺书从上海到湘西路途上所作诗篇，编成了《中书君近诗》，接续他在光华时期的《中书君诗》。比起《中书君诗》，《中书君近诗》更为沉稳。蓝田镇位于湘黔铁路线上，旧属安化县（今属涟源市），"国师"的校址设在蓝田李园，为辛亥革命时光复上海的李燮和将军府第。庭宅依阜而建，远山环抱，风景幽静而美。钱基博、钱锺书父子分任国文系、英文系的系主任，一时传为美谈。①

钱锺书在"国师"时，勤读常至夜深，以至次日起迟，有时匆忙着衣就去上课。他阅读速度很快，所读的外文书，英文系同学见其频频更新；而且他记忆力惊人，皆掌握了那些书的内容。② 在蓝田时期，钱锺书开始写作《谈艺录》，而《围城》的构思酝酿，也是在这一时期。友人回忆道："锺书君《围城》一书虽成于沪，而构思布局实在湘西群山中。四十年前坐地炉旁，听君话书中故事，犹历历在目。"③

1940年暑假，钱锺书回上海探亲。因道路不通，半途折回。1941年暑假，他由广西到海防搭油轮到上海，准备小住几月再回内地。也许是陈寅恪和吴宓的促成，西南联大外语系主任陈福田到上海特来相访，约他再回联大，但钱锺书已不愿返回了。其

---

① 季家骥《〈围城〉里的三间大学》，《文汇读书周报》，1991年2月2日。
② 季家骥《〈围城〉里的三间大学》，《文汇读书周报》，1991年2月2日。
③ 徐燕谋语，转引自郑朝宗《怀旧》，《海滨感旧集》，第52页。

第二章　意园神楼（1939—1949）

时正值珍珠港事变，日军占领上海租界，他就沦陷于上海出不去了。

这一时期，钱锺书在震旦女子文理学院任教，这一教课工作是杨绛父亲让给他的。[①] 当时同在此校任教的有陈麟瑞，而学生中有杨绛的妹妹杨必，她是杨家除杨绛之外的另一位才女，当时大约二十岁。钱锺书夫妇对杨必学业的进修起过相当的作用，而杨必对钱锺书这位才华卓绝的姐夫也是衷心敬佩。1949年以后，杨必在复旦大学外文系任教，她在钱锺书的建议下翻译了萨克雷的名著《名利场》。杨必身体比较薄弱，后来终身未婚，死于"文化大革命"中。[②] 钱锺书除在学校任课外，还为不少人家的子女补习，以维持开支。学生中有后来成为加拿大多伦多大学教授的秦家懿女士等。

钱锺书夫妇俩就这样在上海艰苦度日，大半时间在闭门著书，钱锺书的《谈艺录》《围城》以及短篇小说，杨绛的剧本就是这样写成的。对这一时期的心境，杨绛有所回忆：

> 抗战末期，胜利前夕，钱锺书和我在宋淇家初次会见傅雷和朱梅馥夫妇。我们和傅雷家住得很近，晚饭后经常到他家去夜谈。那时候知识分子在沦陷的上海，真不知"长夜漫漫何时旦"。但我们还年轻，有的是希望和信心，只待熬过黎明前的黑暗，就想看到云开日出。我们和其他朋友聚在傅

[①] 杨绛《记钱锺书和〈围城〉》，《将饮茶》，第107页。
[②] 杨绛《记杨必》，《读书》1991年第2期。

雷家朴素幽雅的客厅里各抒己见，也好比开开窗子，通通空气，破一破日常生活里的沉闷苦恼。①

傅雷是著名翻译家和美术评论家，以翻译法国文学知名，他当年也在法国巴黎大学听过课。傅雷当时的寓所在今上海重庆南路的巴黎新邨，钱锺书在上海的住所起初在辣菲德路（今复兴中路565弄），以后又搬迁至蒲石路（今长乐路），均在霞飞路（今淮海中路）附近，所以杨绛说"住得很近"。② 在傅雷家经常聚会的朋友还有楼适夷、柯灵、陈西禾等。如果以钱锺书当时的写作为喻，杨绛所说的"沉闷苦恼"相当于"围城"之象，"熬过黎明前的黑暗，想看到云开日出"就是《谈艺录》自序所称的"清河可俟"，"以待贞元"。

当时环境很复杂，钱锺书名气又大，颇有人存拖他下水的意图，但是都被他严辞拒绝了。1943年，他在赠友人的一首五言古诗中写道："乱世夙难处，儒冠更坎坷，秕糠六籍人，身不禁扬簸。……俨然意如山，道义克负荷。"③ 前句写处世之难和堕落之易，后句写知识分子的责任感。在民族气节的问题上，决无可以含糊的余地，这也是钱锺书等一批知识分子的风骨所在。而不管环境如何变化，钱锺书始终保持着乐观态度和积极精神。夏

---

① 杨绛《傅译传记五种代序》，三联书店1983年11月版，第4页。
② 钱锺书在上海的寓所在今复兴中路573号，搬迁至长乐路，见林子清《钱锺书先生在暨大》，《文汇读书周报》1990年11月24日。
③ 郑朝宗《怀旧》，《海滨感旧集》，第50页。

第二章　意园神楼（1939—1949）

志清回忆当时的情景：

> 有一次，想是在1944年秋季，宋淇在家里开一个大"派对"，把我也请去了。……那晚同不少文化人相聚一堂。……钱锺书本人给我的印象，则好像是苏东坡"赤壁怀古"的周公瑾，的确是风流倜傥，雄姿英发，虽然他穿的是西装，也戴了眼镜。那晚我和他前后谈了两三次。后来讲起荷马，钱问我喜欢哪一部史诗。我一向爱"伊利奥德"，觉得"奥德赛"远比不上他，就照实说了。不料钱听了大为满意，说偏爱"伊利奥德"的人，他的趣味是古典型的，偏爱"奥德赛"的人，他的趣味是浪漫型的。后来讲起什么人的恋爱问题，钱兴发，站起来引了几句"罗米欧与朱丽叶"。[①]

这就是永不改变的钱锺书，在任何环境下都保存其难以磨灭的习性。郑朝宗称许他有着中国知识分子"富贵不能淫，贫贱不能移，威武不能屈"的品格。

其时，杨绛初试笔写成了四幕喜剧《称心如意》（世界书局，1944年）和五幕喜剧《弄真成假》（世界书局，1945年），上演后颇受欢迎，以后又写了四幕悲剧《风絮》（上海出版公司，1947年）。钱锺书则出版了散文随笔集《写在人生边上》（开明书店，1941年），初试笔写作了短篇小说《灵感》（1945

---

① 夏志清《追念钱锺书先生》。

年)、《猫》(1946年),以后又写成了他一生的名作《围城》。此书1946—1947年间连载于《文艺复兴》月刊,1947年5月由晨光出版公司出版,收入赵家璧主编的《晨光文学丛书》。这套丛书中巴金的《寒夜》、老舍的《四世同堂》都被认为是传世之作,而钱锺书的《围城》更是精金美质,在中国现代小说史上有着独特的地位。

抗日战争胜利后,钱锺书首先出版的是短篇小说集《人兽鬼》(开明书店,1946年6月),并且重版了散文随笔集《写在人生边上》(开明书店,1946年10月)。这两部集子是钱锺书最早的成集作品。《写在人生边上》是钱锺书在昆明时期写的散文,有几篇是发表过的,以后钱锺书在蓝田时期,由杨绛在上海收拾、挑选,把它们编定成集。而此书的出版,已经是钱锺书沦陷于上海的时期了。《人兽鬼》的开始写作,大致在沦陷上海初期,具体可能在写作《围城》之前,郑朝宗所谓"先写短篇,后写长篇"①,大体近之。从写作的内容、风格来看,虽然《围城》《谈艺录》更为成熟,这两部集子也各有独特的成就,足以成为《围城》《谈艺录》的前茅。

《写在人生边上》和《人兽鬼》这两部集子之间,有一种配合和呼应:除了在体裁上是散文和小说的配合外,在书名及其首篇的选择上也有呼应,两书以《魔鬼夜访钱锺书先生》和《上帝的梦》配合开场,体现了一种戏剧性的整饬,极其有力。

---

① 郑朝宗《但开风气不为师》,《钱锺书杨绛研究资料集》,第48页。

第二章　意园神楼（1939—1949）

《写在人生边上》把篇数取定为十（结构以二、三、三、二分析），诸篇连缀而曲成，应当有其编排上的考虑。全书以"业余消遣者的随便和从容，不慌不忙的浏览"解释"写在人生边上"，仅为文学家的思想，如以《易》"出入无疾"解之，则更为佳妙。《人兽鬼》的四篇小说，题材包括了人、兽、鬼、神四种形象。形象虽然变幻莫测，归根结底却在写人，目的在于揭示"无毛两足动物的基本根性"[1]。就小说艺术论，集子中的小说以《猫》和《纪念》成就较高。《猫》是具体而微的《围城》，《纪念》则是"五四"以后最优秀的短篇之一。四篇小说的笔法一篇比一篇精密，后来居上，引发了《围城》。

抗日战争胜利后，钱锺书一面在上海暨南大学外文系任教，一面任南京中央图书馆英文馆刊《书林季刊》的主编，行踪不定。钱锺书在暨南大学开设的课程有"欧美名著选读"和"文学批评"，前者每周三课时，后者每周二课时。"选读"的内容有荷马史诗《伊利亚特》等。暨南大学文学院院长刘大杰对学生介绍说："我给你们请到了这样一位先生，你们真幸运。"钱锺书对外国文学和外国语的高深造诣令学生倾倒。[2]

钱锺书其时还发表了一些其他论文，如《中国诗与中国画》（《国师季刊》6期，1940年；《开明书店二十周年纪念文集》，

---

[1] 田建民《钱锺书小说〈人兽鬼〉初探》称，《上帝的梦》写神，《猫》写兽，《灵感》写鬼，《纪念》写人。《河北大学学报》1991年第2期。引语见《围城序》，参观《写在人生边上》中《一个偏见》引柏拉图语："人者，无羽毛之两足动物也。"
[2] 林子清《钱锺书先生在暨大》，《文汇读书周报》1990年11月24日。

1947年），又如《谈中国诗》（《大公报》，1945年12月10日、14日）以及《说"回家"》（《观察》二卷一期，1947年3月1日），体现了钱锺书的一些论学思路。在当时的文艺批评界，钱锺书的论文日渐受到重视，被视为新文学批评的几个方面之一。批评家唐湜作出这样的概括：

> 我那时觉得中国的新文学批评到那时为止有三个可以相互充实的方向，刘西渭先生和梁宗岱先生的亲切而又精当的风格恰如春风化人，胡风先生和吕荧先生深沉而又坚定的思想力量，可比喻雄鹰的搏斗，而钱锺书先生和袁可嘉先生的细密而又确实的逻辑分析，是数学家那样的坚实堡垒。我觉得这些都是我们社会上可骄傲的存在，各有独特的光辉。但他们为什么都不可能相互渗透，相互结合呢？我那时企慕着刘西渭先生的翩然风度，胡风先生的沉雄气魄和钱锺书先生的修养，但我更企望他们之间有一次浑然的合流。①

把钱锺书纳入主流批评中一家的观察方式，尽管没有了解钱锺书的真正价值及其志向，也没有估计到钱锺书可能有的长足发展，但是作者确实注意到了钱锺书的部分价值和部分特色，表示了他作为批评家的敏锐观察力。而和钱锺书更接近的储安平对他则有更大的推崇：

---

① 唐湜《新意度集·前记》，写于1950年2月，三联书店1990年。

钱锺书先生,若把各种条件总加起来,他是今天中国最出色的一个治文学的人。他造诣的广博精深,允为同侪推重。他的文章另有文采,独具一格。①

比起前面比较客观的批评,此处可谓主观的批评,后者显然热情多了。

1948年,钱锺书经营十年的文学评论集《谈艺录》由开明书店列入《开明文史丛刊》出版,1949年再版。此书贯通中外古今,有其独见,可与《围城》并列为双璧,为钱锺书早期学术思想的一大总结。

---

① 《观察》2卷1期(1947年3月1日)储安平"编辑后记"。

二、《围城》意象

钱锺书一生有着多方面的成就，其大类有二：作家与学者。如果作为学者的钱锺书可以用《管锥编》《谈艺录》为代表的话，那么作为作家的钱锺书只能以《围城》为代表了。《围城》是作者一生写成的唯一一部长篇小说，其地位无可替代。钱锺书在写作《围城》前，还有散文随笔和短篇小说的创作，这些创作都可以看成写作《围城》的准备。它们包含的创作信息，至《围城》初步成象。钱锺书写完《围城》就感到不满意，则这一形象应当有所变化，那就是第二部长篇小说《百合心》了。

钱锺书写完《围城》后，还不满四十岁，还有足够的创作冲动和能力，以钱锺书"不断叩向更上一关"的精神，第二部应该胜过第一部。钱锺书评论《百合心》时说："对采摘不到的葡萄，不但想象它酸，也很可能想象它是分外地甜。"[①]《百合心》应当符合作者"分外地甜"的信念。不仅如此，《百合心》

---

① 钱锺书《围城·重印前记》。

第二章　意园神楼（1939—1949）

还未必达到高峰，钱锺书还有创作其他长篇的可能，大致延续至1957年与完成《宋诗选注》的时间相齐——也许钱锺书这时才会真正转移兴趣——那才会是钱锺书小说的真正高峰。然而，钱锺书在完成《围城》后，1949年在搬家的忙乱中遗失《百合心》手稿，以此为契机，钱锺书"由省心进而收心"，就此中断了小说创作，这极为可惜。但也因为如此，反而使本来多少具有实验性质的《围城》就此保存了创作方面的全部信息，在钱锺书著作系统中屹立不变，占有独一无二的地位。

钱锺书开始写作《围城》，是在1944年的上海。那一年钱锺书和杨绛同看杨绛编写的话剧上演，回家后钱锺书突然说："我想写一部长篇小说！"杨绛很高兴，催他快写。当时钱锺书在修订《谈艺录》，又在写短篇小说，怕没有时间，于是杨绛在多方面给予帮助：她让钱锺书减少授课时间，进一步节省本来已经节省的生活，并且自己兼任女佣的工作，甘心情愿地做"灶下婢"。[1] 这样，钱锺书才得以集中精力，在1944年至1946年两年之内，"锱铢积累"地写成了《围城》。《围城》最初在郑振铎主编的《文艺复兴》上连载，之后在1947年出版单行本，1948年、1949年重印，大受社会的欢迎。

杨绛指出："锺书从他熟悉的时代、熟悉的地方、熟悉的社会阶层取材，但组成故事的人物和题材全属虚构。"[2] 钱锺书观剧回来发兴写《围城》，只是具体的触发。而小说的种因，却相

---

[1] 杨绛《记钱锺书与〈围城〉》，《将饮茶》，第107页。
[2] 杨绛《记钱锺书与〈围城〉》，《将饮茶》，第108页。

当久远。如果以钱锺书1938年夏的归国为界，对此远因的追溯，可分为前后两部分：前后两部分的接续是长期的打底，而后一部分则渐渐成熟为小说。如果没有对社会和人性（作者所谓"无毛两足动物的基本根性"）① 的长期观察，如果没有对婚姻恋爱的体悟和观照以及对大学生活的体验，《围城》的写作就不可能顺利。对社会生活的观察极长期也极复杂，难以言说，这里的交织和相合，来自一点一滴的积累，绝无速成之理，然而也能稍稍找到一些早年因素。

正如钱锺书在大学时代遍读宋以后集部，是他以后撰写《谈艺录》的前导；钱锺书在大学时代对大学生活的体验以及对婚姻恋爱的观照，也应该是后来《围城》小说的前导。1933 年，钱锺书从清华大学毕业，他在毕业年刊上写了一篇《后记》，其中说："真正直接描写中国大学生活的小说至今还没有出现"（A novel of Chinese college life at first-hand knowledge still remain to be written）②，这里是不是有点微微透露《围城》的先声呢？而如果把钱锺书归国后的经历和小说对照，可以看出两者基本相合：

1938 年，钱锺书和杨绛同船回国，船上的情形和《围城》里写的很像。③ 那是小说的第一章。

钱锺书出国以前在上海的经历，辅之以 1939 年夏、秋的自昆明回沪探亲，可以相关小说的第二、三、四章。

---

① 钱锺书《围城序》。
② 钱锺书"Epilogue"，《国立清华大学年刊》，1933 年。
③ 杨绛《记钱锺书与〈围城〉》，《将饮茶》，第109 页。

第二章　意园神楼（1939—1949）

1939年秋，钱锺书未回昆明而到湖南蓝田国立师范学院去了。他把从上海到湘西的旅途所经写进了《围城》。[①] 那是小说的第五章。

钱锺书在湘西教书两年，所遇到的一部分丑恶的人和事，构成了《围城》的素材，真实地进入到角色中去。[②] 那是小说的第六、七、八章。

在湘西的两年中，主要是写作《谈艺录》的时期，也是完成《围城》构思布局的时期。而钱锺书1941年回沪探亲后困顿于上海沦陷区的经历和情绪，对于完成小说第九章并且最后确定书名为《围城》，有着重要关系。[③] 有此一笔，以贯通小说的题旨，则全盘皆活。

钱锺书归国后，没有回上海，直接到西南联大去了，这是作者经历和小说不对应的一段。论者也指出：在《围城》中找不到联大人物的形象。[④] 西南联大真的和小说完全无关吗？联大的一些人和事是不是也化入"国师"得到了描述呢？钱锺书在离开联大时一度不很愉快，也许将来会有人揭示这里的关系吧。

钱锺书晚年在谈到《围城》时引用康德的话："知识必自经验始，而不尽自经验出"[⑤]，断然否定了关于《围城》是"自传"

[①] 杨绛《记钱锺书与〈围城〉》，《将饮茶》，第113—115页。
[②] 吴忠匡《记钱锺书先生》，《钱锺书杨绛研究资料集》，第73—74页。
[③] 郑朝宗《怀旧》，《海滨感旧集》，第52页。
[④] 许渊冲《钱锺书先生及译诗》，《钱锺书研究》第二辑，第279页。
[⑤] 转引自吴泰昌《秋天里的钱锺书》，《艺文轶话》，中国工人出版社1991年7月第1版，第357页。

的猜测。但是，钱锺书的生活经历还是和小说密切相关，唯其积累丰厚，所以能在两年时间内"锱铢积累"地写成，基本属一气呵成。从生活经历到小说，必须有长期的酝酿过程，其中不知道经过了多少难以追溯复原的转变。所以尽管《围城》包含着许许多多和作者相关的人和事（杨绛指出过一部分，应该还有其他部分）①，它还是一部虚构的小说，一部复合型的虚构小说。

《围城》有其丰富的内涵，以男女主人公的恋爱为主线展开，但它不是爱情小说，而是一部从婚姻反观爱情的小说。从人类性爱、情爱的全过程来看，"爱情小说"实际上仅仅是"半截子"小说。爱情小说往往以婚姻的成败为结束，无论其结局是悲剧还是喜剧，对平常的实际人生来说，总是简单化的。而从婚姻反观爱情，所包含的内容自然要复杂得多，在《围城》中则不得不显出一种困境。这种困境，如果和社会文化结合，则更为丰实。而在《围城》中，这种困境处处出现，成为小说发展的推动力。这种困境在小说中有其中心意象，就是作者最后用书名来点题的"围城"。"围城"意象，后来被总结成以下一段话：

> 围在城里的想逃出来，
> 城外的人想冲进去。

---

① 例如《徐燕谋诗草·编余集》中《得中书君书知巨震中无恙》："处变犹能细字书，喜君养气见功夫。未忘四十年前事，过小桥时要我扶。"末句参观《围城》第五章从宁波到溪口一段，方鸿渐、孙小姐过桥时提心吊胆的情形。

第二章　意园神楼（1939—1949）

> 对婚姻也罢，职业也罢，
> 人生的愿望大都如此。①

在《围城》小说中，这一意象点出在第三章。最初是借小说人物褚慎明之口带出罗素（Bertie）称引的英国古语：

> 结婚仿佛金漆的鸟笼，笼子外面的鸟想住进去，笼内的鸟想飞出来；所以结而离、离而结，没有了局。

小说随即又借苏小姐之口引述法国成语"forteresse assiégée"点出了这一中心意象：

> 结婚如同被围困的城堡，城外的人想冲进去，城里的人想逃出来。

这就是作者借小说人物在客厅议论中点出的"围城"意象，所述尚以婚姻为主。而在第五章，又借离开上海的主人公方鸿渐之口对这一意象作了呼应：

> 我近来对人生万事都有这个感想。

---

① 杨绛语，转引自孙雄飞《钱锺书、杨绛谈〈围城〉改编》，解玺璋编《围城内外——从小说到电视剧》，第45页。

这就从婚姻扩展到人生万事了。从婚姻到人生万事，从人生万事到婚姻，范围虽有变化，仍然契合。在小说中，经过反复铺垫已然厚实的"围城"意象尚属空间，但冲进冲出，永不停歇，又蕴含时间。而这一时间变化在小说中，以第九章的祖传怪钟来点题，这只走时落伍的计时机和实际时间竟相差五个钟头，它在小说结尾中出现：

无意中包涵了对人生的讽刺和感伤，深于一切的语言，一切啼笑。

由此"围城"意象和怪钟结合，完成了小说的卒章显志。怪钟的时间错乱，也是时代错乱，反映了作者杜门寂处、蛰居于沦陷区时，观察种种世相而忧生伤世的心境。

从"围城"意象观察整部小说，小说的实际情形和那句法国成语表面似乎并不一致：方鸿渐想逃避冲入苏小姐的城（"围城"比喻在小说中出自苏小姐之口），却在无意中不知不觉地冲入孙小姐的城，情景似乎反了一反。但是从摆脱一个困境始，到落入另一个困境终，在更高的层次仍然被那句比喻套住，这也说明了"围城"意象的涵盖意义。

《围城》小说有一群出场人物。其中女性人物主要有四个，以出场先后为序，她们是鲍小姐、苏小姐（文纨）、唐小姐（晓芙）、孙小姐（柔嘉）。在这些人中，唐小姐和鲍小姐是两端的标准：鲍小姐基本否定（姓鲍是用"鲍鱼之肆"的典故，小说讽

第二章　意园神楼（1939—1949）

刺她为"真理"），唐小姐基本肯定（小说称她为"一个真正的女孩子"），但这两人只是过场人物，鲍小姐是第一章的引子，唐小姐也只在第三章出现了一下，随后就"淡出"（fade out）不再露面。主要女性是苏小姐和孙小姐，如果说类似鲍小姐、唐小姐的人物在其他小说中也可以见到的话，苏小姐和孙小姐就是绝难模仿的"围城"人物了。而在结构上，小说前半部（1—4章）以苏小姐为主，后半部（6—9章）以孙小姐为主，第五章则由苏小姐过渡到孙小姐，衔接前后。

小说中的男性人物主要有两个：一个是主人公方鸿渐，另一个不可忽视的人物是赵辛楣。方鸿渐柔弱，偏阴；赵辛楣带若干刚强，偏阳。方、赵两人是流浪于"围城"内外的"双雄"。赵辛楣相当重要，小说中其他人物的增减，还可能无关大局，如果减去了赵辛楣，小说的结构就支撑不起来了。杨绛回忆说，赵辛楣的原型来自一个五六岁的男孩，[①] 那是孩子的声气启发出了这样一个人物。

小说没有基本肯定的男性人物，如果有，那么就是安排所有人物活动而未曾露面的 aggressive、积极又充满活力的作者了。[②] 女性人物形象以苏小姐、孙小姐为主，男性人物形象以方鸿渐、赵辛楣为主，小说的结构就按照这两种人物的配合展开：方苏；赵苏；赵方；方孙。发展到方孙，小说也就结束。《围城》是一部以焕发作者才情为主的、结构比较散漫的小说，但是

---
① 杨绛《记钱锺书与〈围城〉》，《将饮茶》，第110页。
② 水晶《侍钱"抛书"杂记》，《钱锺书研究》第二辑，第349页。

它仍然由种种线索交织而成，在"围城"意象的贯穿下，散漫之中仍然包含着整饬。

《围城》有其写作渊源。前面说过，作者没有写成《百合心》及其以后的小说可惜了，因为《围城》还多少带有实验的性质。在《围城》之前，钱锺书的写作如《人·兽·鬼》等仅仅是初步的尝试，而《围城》已经是探索新路的实验。而实验成功了，成功的标志是它跳过了"五四"，直接接通了中西文化的渊源。在钱锺书早期著作中，如果说《谈艺录》的主要渊源在中国的话，《围城》的主要渊源则在西方，而且是整个西方的文化和文学。中国小说如《红楼梦》《儒林外史》等当然也有影响，但在《围城》中似乎处于辅助地位。对于《围城》的文化渊源，这里只能指出其大致坐标所在：西方小说取法于英、法，最重要的坐标在于英国的菲尔丁①，直接刺激在毛姆，而其渊源可上及希腊、罗马。

最早谈及《围城》的写作渊源并且指出与菲尔丁有关的，是钱锺书的友人郑朝宗。郑朝宗在《〈围城〉和〈汤姆·琼斯传〉》中指出：作者写《围城》的动机在于介绍外来的手法和作风，"我想写中国某一部分社会某一类人物"云云，恐怕还是次要的。② 文章指出菲尔丁和钱锺书有两点相通：其一，两人都是

---

① 认为钱锺书深受英、法小说影响的有诸家说法。日本中岛长文认为除《汤姆·琼斯传》外，尚有《香代》和《吉尔·布拉斯》，见《围城论》，《钱锺书研究》第二辑，第197页。许渊冲认为尚有伏尔泰，引同上，第277页。
② 林海《"围城"和"Tom Jones"》，《钱锺书杨绛研究资料集》，第186页。

天生的讽刺家，揭发虚伪和嘲弄愚昧是他们最擅长也是最愿意干的事；其二，两人肚里都有的是书卷，所以做起小说来常常自然化入。菲尔丁（1707—1754）在英国文学史上被誉为英国小说的鼻祖，其小说《汤姆·琼斯传》（1749）确立的散文喜剧史诗，影响了其后两百年的英国小说，把《围城》列入其影响范围，似乎可以感觉出来。尽管《围城》的写作渊源相当丰厚，远不止于菲尔丁，但暂时把它作为一个相对性的坐标，还是可行的。

《围城》和西方文化、文学的联系，通过菲尔丁再往上溯，其若干渊源可上及希腊、罗马。如荷马史诗《伊利亚特》中的一百八十个显喻，是《围城》比喻的蓝本（郑朝宗语）。而《围城》对文艺复兴及流浪汉小说（the picaresque novel）传统在形式上的承袭，其渊源可上及《奥德赛》。"围城"的比喻直接来自法文，其根本思想还是来自希腊第欧根尼·拉尔修《著名哲学家列传》引述苏格拉底"你还是结婚吧，你还是不结婚吧"的反复辩论。[①] 此类渊源，可与《谈艺录》引及的毕达哥拉斯、柏拉图、亚里士多德等相参。作者其时虽然还未必完全精熟希腊文化，但确已精熟荷马史诗[②]，所以在构思下笔时自然流露，并不足怪。从远古宛转关生引来生气，至某处结穴，因而山水之菁英尽聚于此，这也是《围城》尤为精妙的原因。理解《围城》，应该打开这条道路。

从菲尔丁往下，应当理解《围城》和英国当代小说家毛姆的

---

① 钱锺书致张文江信引及，1981年10月24日。
② 夏志清《追念钱锺书先生》。

对比，毛姆是钱锺书写作《围城》的直接刺激。据郑朝宗回忆：

> 抗战末期他忽然发感慨，以为读了半辈子的书，只能评头论足，却不会创作，连个毛姆都比不上。于是发愤图强，先写短篇，后写长篇，那部举世闻名的《围城》，就是在这样愤激情绪下产生的。[1]

毛姆（W. S. Maugham，1874—1965）是生活环境以法国巴黎为主的英国小说家。钱锺书夫妇1935年到1938年在英、法两国留学时，毛姆已写出他的主要作品，正当创作的全盛期，拥有广大的读者。在当时英国文学批评界，毛姆被看成通俗作家，并不特别受到重视（批评界终于认识毛姆是英国小说史上的杰出作家之一，是在五十年代以后）。钱锺书"连个毛姆都比不上"的感慨，正和当时的具体环境相关，社会认识有才华的人总是需要时间的。

除流畅可读外，毛姆的小说有若干特征：人物往往有其原型，书名往往取自典籍。比如《人性的枷锁》（*Of Human Bondage*，1915），原型为自己的生活经历，书名原取自希伯来大预言家以赛亚的"美自灰烬出"（beauty from ash），后从斯宾诺莎《伦理学》读到"人性的枷锁"一词——斯氏认为人只有运用理智才能解脱枷锁获得自由——便欣然作了更改。《月亮与六

---

[1] 郑朝宗《但开风气不为师》，《钱锺书杨绛研究资料集》，第45页。

便士》(*The Moon and Six Pence*, 1919), 原型为高更, 书名取自《泰晤士报文学增刊》评《人性的枷锁》中的一句话: "书中主角像许多年轻人一样, 忙于获得月亮, 却视而不见脚边的六便士。"《寻欢作乐》(*Cakes and Ale*, 1930), 原型为哈代, 书名取自莎士比亚戏剧。《刀锋》(*The Razor's Edge*, 1944), 一译《剃刀边缘》, 原型为维特根斯坦? 书名取自印度典籍《奥义书》, 等等。《围城》也有种种原型, 杨绛《记钱锺书与〈围城〉》指出了一部分, 其实还有许多没有指出。《围城》的书名取自法国成语"forteresse assiégée",《百合心》的书名脱胎于另一法国成语"Avoir un coeur d'artichaut"。在这些特征方面, 毛姆小说和钱锺书小说往往有相似之处。

毛姆是涉及广泛领域的多产作家, 一生写有二十部长篇小说。这二十部小说中, 有两部和《围城》存在一定程度的对比关系: 一部是早年作品《人性的枷锁》(1915), 一部是晚年作品《刀锋》(1944)。毛姆比钱锺书年长一辈, 所以产生这样的有趣的现象:《人性的枷锁》和《围城》的主观时间约相当(《枷锁》完成于作者的41岁,《围城》完成于34—36岁),《刀锋》和《围城》的客观时间约相当(《刀锋》完成于1944年,《围城》完成于1946年)。

于前者可以比较两位作者:《人性的枷锁》取材于作者的生活阅历, 作者自称花了三十年时间才收集到写这部小说所需要的材料, 精力皆萃于此, 因此在写完之后, 他已不可能写作一部同样类型的小说了。以后的《月亮与六便士》等, 基本已是《人性的枷锁》的余波。《围城》也取材于作者的生活阅历，其中直接进入小说的是作者归国以后的部分，这些生活阅历和浓厚的书卷气相结合，造成了《围城》相对坚实的内涵。作者在写作《谈艺录》和《围城》之后，也出现了一个相当长的间隔期，似乎也需要相对盘整以积蓄能量。于后者可以比较两部作品：两书题材平行，《刀锋》写一个西方青年到东方寻求真理回国后的种种活动，《围城》写一个中国青年到西方留学回国后的种种活动。书名也平行，互相取自对方文化，"围城"取自法国成语，"刀锋"取自《奥义书》。而且两书的题旨均为一种两难之道："围城"是结婚不结婚的两难，"刀锋"是越过和不越过的两难。这里出现了具有文化意义的微妙区别：《围城》相从于西方哲学，将两难之道联系于反讽和观照；《刀锋》则引《奥义书》为全书题辞："人很不容易越过刀锋，因此智者说得救之道是困难的"（The sharp edge of a razor is difficult to pass over; thus the wise say the path to Salvation is hard.），已相从于东方哲学，将两难之道联系于解脱。

钱锺书大约在1945年秋季对《吠陀经典》开始感兴趣并借阅过[①]，在《谈艺录》中也征引过《奥义书》，这些事件如果抽象出来，也大致可以作为贯通《围城》和《刀锋》之处，因为读吠陀，必自两难之道入。其中《围城》关心的是两难之道，《刀锋》关心的是两难之道是否可化成两可：既然无论结婚不结

---

① 夏志清《追念钱锺书先生》。

第二章　意园神楼（1939—1949）

婚，你都会后悔的，那么问题的根本就不一定在结婚不结婚上，刀锋可以变化之处就在这里。《围城》的主人公最后虽然结婚了，但仍然失败了。《刀锋》主人公虽然两次都没有能够结婚，但仍然是成功的。即使结婚了，他还是成功的，因为他越过了刀锋。

毛姆《人性的枷锁》的写作情景是第一次世界大战，个人背景是三十年的人生阅历；《刀锋》的写作背景是第二次世界大战，个人背景是《枷锁》后又三十年的阅历；前后积累叠加，已接近六十年。《人性的枷锁》的总根在西方文化，主要是宗教（《圣经》）和哲学（斯宾诺莎《伦理学》），《刀锋》的总根则移至东方文化，主要仍然是宗教和哲学（《吠陀经典》），所关心的问题已是东西方文化的结合。而对东西方文化和文学的关心，正是《谈艺录》和《围城》从事的工作，在《谈艺录》中体现为对中西诗文和理论的比较，《围城》则将相当纯粹的外来手法和作风化入了中国小说。所以《围城》在创作之初，即以超越毛姆为创作的动力，并非偶然。对东西方文化和文学的关心，可能和第二次世界大战后文化氛围的变化有关，也说明了钱锺书治学的起点所在。而在晚年，钱锺书写作《管锥编》和《感觉·观念·思想》，对东西方文化的认识有了大的飞跃。

《围城》在中国"五四"以后的新文学史上有相当特殊的地位。过去的文学史不提钱锺书，一半是因为种种框框的限制，一半也因为难以处理。最大的问题是不知道如何判断钱锺书，如果仅仅用习惯上的流行概念，确实很难适用于《围城》，《围城》使文学史家们手足无措了。其实这里的最大问题是：《围城》不是和新文学诸作家比肩，而是和世界文学诸作家比肩，《围城》的平视毛姆，正如以后《管锥编》的平视黑格尔，一开始树立的标尺就是世界性的。尽管《围城》有种种缺陷，但由于《围城》自觉地和世界文学看齐，还是使他避免了一部分新文学作家的褊狭。

钱锺书在大学时代，其思路基本还是在"五四"以内，所关注的范围还相当有限。随着年龄和阅历的增长，钱锺书的眼界已全然转换，在1938年归国以后，他的思想已不是"五四"所能范围了。"五四"新文学的开创者们各以其独特的方式相通世界文化和文学，所以能开创"五四"并影响时代。尽管"五四"新文学有其不可及处，但是钱锺书在"五四"以外，另外打通一条路以上接世界文学，毕竟难能可贵。《围城》具有各种魅力和特色，使人耳目一新，这也许是根本原因。有一位教授回忆《围城》出版时的情景说：

> 《围城》都已经成为我们家中的 favourite 了，我的儿子、内侄、姨女、内嫂以及我自己都争夺般地抢着看，消磨了一个炎热的夏天。①

在抗战胜利后的上海，一般人捧读《围城》，宛如见到星外来客。

----

① 赵景深《钱锺书杨绛夫妇》，《文坛忆旧》，上海书店1983年12月第1版，第122页。

三、"咳唾随风生珠玉"——《谈艺录》①

钱锺书早期两部著作《谈艺录》和《围城》存在对照关系：《谈艺录》为理论，用文言写作；《围城》为创作，用白话写作。两部书之间是否有关联呢？钱锺书在三十五岁生日诗中写过这样联句："书癖钻窗蜂未出，诗情绕树鹊难安。"② 如果把两句诗分开来，前句可对应《谈艺录》，后句可对应《围城》。杨绛后来引用这两句诗，描述钱锺书当时在理论和创作两方面"兼顾不来"的情景。但"兼顾不来"仅仅是一方面，而正面情景应当是创作欲最旺盛的时候，理论和创作的互相刺激、彼此增上。钱锺书早年就设想过兼顾两方面，"欲从而体察属词比事之惨淡经营，资吾操觚自运之助"。③《谈艺录》《围城》彼此辉映，皆成

---

① 《谈艺录》是钱锺书最早的文学批评专著，出版于1948年，1949年再版。此后在国内一直没有重印过。1984年中华书局出版《谈艺录》补订本，分上下两编，为《谈艺录》的定本。本节主要介绍钱锺书的前期著作，因此评论《谈艺录》也以1948年版的内容为主（即1984年补订本的"上编"），1984年版新增的内容（即1984年补订本的"下编"）放在以后讨论。

② 杨绛《记钱锺书与〈围城〉》，《将饮茶》，第108页。

③ 钱锺书《谈艺录》补订本，第346页。

精品，标示了这一尝试的成功。两书之间，《谈艺录》的写作时间（十年）长于《围城》（二年），就整体分量来说，也是《谈艺录》更重一些。这也和钱锺书一生毕竟以理论为主、创作为辅的格局相符合。

《谈艺录》有其长长的积累时期。钱锺书在清华、光华、牛津、巴黎各大学时的积累，都是完成《谈艺录》的前因。而此书的直接肇因，起于1938年的归国。具体开始写作在第二年，即1939年，而最后出版于1949年。此书的实际写作，经历了十年。

1938年秋，钱锺书杨绛夫妇结束了在英、法的留学生活，归国途中，邂逅青年友人冒效鲁（冒景璠），钱锺书在《谈艺录》序中说他"吾党之言诗有癖者也"，两人谈诗订交。[①] 钱锺书谈到了冒效鲁父亲冒广生（疚斋）著的《后山诗天社注补笺》，问为什么不直接作补注呢？冒效鲁笑答："谈何容易。"钱锺书受感发，别取山谷诗天社注订之，补若干事而罢。[②]

钱锺书从法国坐船而归，是《围城》的缘起。而在归舟中和冒效鲁谈诗，又是《谈艺录》的缘起。现在还保存着冒效鲁和钱锺书在归舟中唱和的诗，选录于下，可见当时的情景。冒效鲁《马赛归舟与钱默存（锺书）论诗次其见赠韵赋柬两首》：

---

① 冒效鲁（1909—1988），别号叔子，1930年毕业于北京俄文专修馆，随颜惠庆出使苏联，任秘书职，曾参加高尔基主持的全苏作家大会，汉学权威阿列克谢耶夫院士称他是"平生所见华人中不可多得的通品"。历任上海复旦大学和安徽大学教授。见《人民日报》1990年2月23日《钱锺书信札》舒湮作的"附注"。
② 钱锺书《谈艺录》补订本，第346页。

第二章 意园神楼（1939—1949）

  我读杜韩诗，向往未能至。抒达胸中言，驱使古文字。后生欲变体，所患薄才思。邂逅得钱生，芥吸真气类。行穿万马群，顾视不我弃。谓一代豪杰，实罕工此事。言诗有高学，造境出新意。滔滔众流水，盍树异军帜。换骨病未能，嚼蜡岂知味？

  我诗任意为，意到笔未至。君诗工过我，戛戛填难字。云龙偶相从，联吟吐幽思。苦豪虽异撰，狂狷或相类。君看江海成，曾弗细流弃。欲拓诗界宽，包举尽能事。骑牛东去人，倘会西来意。登高试一呼，响应万邦帜。舍我其谁欤？孟言愿深味。[①]

  冒氏后来在另一首《暑中怀客岁渡红海时情景追纪以诗并怀同舟诸子》描述了舟中的情景："凭栏钱子睨我笑，有句不吐意则那。顾妻抱女渠自乐，丛丛乱发攒鸦窠。"可见钱锺书当时的精神风貌。诗意云龙相从，气类相投，颇似韩愈《醉留东野诗》。"谓一代豪杰，实罕工此事"，"舍我其谁欤"，可见两人谈诗的狂放。"骑牛东去人，倘会西来意"，涉及东西文化交流，与《谈艺录》的主题思想一致。"换骨"句出于陈师道《次韵答秦少章》"学诗如学仙，时至骨自换"，用学仙参禅语，于诗谓脱尽俗意俗字，可诵之不休。冒氏在另一首《红海舟中示默存》中有句云："莫对海波谈世事，怕渠容易

---

① 冒效鲁《叔子诗稿》，安徽文艺出版社1992年2月第1版，第22页。

变红桑。"① 涉及当时的时代背景,可相应《围城》开篇所谓"兵戈之象",并与《围城》小说第一句"红海早过了"气脉相贯。

钱锺书受感发为山谷诗作的补订,现在还保存着,那就是今本《谈艺录》第二则"黄山谷诗补注"。这一则的完成当在1935年,也是《谈艺录》写作时间最早的一则。今本《谈艺录》第一则"诗分唐宋",应该是全书后来补写的总论。理解《谈艺录》全书,可以从这两个第一则入手:"黄山谷诗补注"是全书实际写作时间最早的一则(全书第二则),"诗分唐宋"是完成全书后放在首位的一则(全书第一则)。由"山谷诗补注"这一则结合《谈艺录》三篇序,可理解此书的写作背景和过程,以及此书写作方式的来源;由"诗分唐宋"这一则结合全书各则,可理解此书的重心所在和论述范围。读《谈艺录》全书,可由此入门。

《谈艺录》正文前有三段序。第一段序("余雅喜谈艺")是全书正文前的题记。这段文字没有标题,也没有署款和日期,可称"前记"。第二段序("《谈艺录》一卷")是全书正式的"序",篇末署"壬午中元日锺书自记"。壬午是1942年,中元日即农历七月十五日。第三段序("右序之作")是全书"序"后以小字排印的一段文字,篇末署"民国三十七年四月十五日又

---

① 冒效鲁《叔子诗稿》,前引诗见第32—33页,后引诗见第23页。"换骨"句参观《谈艺录》补订本第576—579页,并参观曾几《读吕居仁旧诗,有怀其人,作诗寄之》:"学诗如参禅,慎勿参死句。纵横无不可,乃在欢喜处。又如学仙子,辛苦终不遇。忽然毛骨换,正用口诀故。"

第二章　意园神楼（1939—1949）

记"。民国三十七年，即 1948 年，可称"又记"。三段序并观，反映了《谈艺录》写作延续十年间的大致过程。

第一段序没有署日期。据各种资料推断，此序应当写于 1940 年夏和 1941 年夏之间。序中有言："余身丁劫乱，赋命不辰，国破堪依，家亡靡托，迷方著处，赁屋以居。先人敝庐，故家乔木，皆如意园神楼，望而莫接。"又言："知者识言外有哀江南在。"如果把这些字句中流露的怀念亲人的心境，参之于杨绛的记述："1940 年暑假，他和一位同事结伴回上海探亲，道路不通，半途折回"，"1941 年暑假，他由广西到海防搭海轮到上海"[1]，以及冒效鲁的诗句"期君六月好归来，共我谈玄挥白羽"[2]，这篇序的下限当不超过 1941 年。这篇序写于湖南，反映《谈艺录》初稿完成的情况。初稿大致写作于 1939—1941 年。序云：

> 余雅喜谈艺，与并世才彦之有同好者，稍得上下其议论。二十八年夏，自滇归沪渎小住。友人冒景璠，吾党言诗有癖者也，督余撰诗话，曰："咳唾随风抛掷可惜也。"余颇技痒。因思年来论诗文专篇，既多刊布，将汇成一集。即以诗话为外篇，与之表里经纬也可。比来湘西穷山中，悄焉寡侣，殊多暇日。兴会之来，辄写数则自遣，不复诠次。

---

[1] 杨绛《记钱锺书与〈围城〉》，《将饮茶》，第 106 页。
[2] 冒效鲁《读默存〈山中杂诗〉漫书辄寄》，安徽文艺出版社 1992 年 2 月第 1 版，第 30 页。

钱锺书撰写《谈艺录》是从1939年夏从昆明回沪小住时开始的，最初的数则来自朋友间的谈诗议论，所谓"咳唾随风抛掷可惜也"，当时写作也许还不十分认真。1939年秋，钱锺书未回昆明，到湖南蓝田国立师范学院任教，在那里得到安静的写作条件，《谈艺录》的则数逐渐增多，写作态度也逐渐严肃。1939年秋至1941年夏，钱锺书在湖南待了两年，《谈艺录》初稿就在这里完成。钱锺书离湖南返上海之前，把这部初稿誊清了一遍。①

"前记"应该就是这篇初稿的序，也就是这次清稿，钱锺书把书名确定为"谈艺录"。《谈艺录》的书名，既借用了明七子徐祯卿一部诗话的名称，"迳攘徐祯卿书名，不加标别。非不加也，无可加者"；又纪念朋友间的谈诗议论，冒效鲁诗："回思谈艺欢，抗颜肆高辨。睥睨一世雄，意态何瑟侗。"正是当时情形的写照。②《谈艺录》第二段序反映了全书完成时的情况：

> 《谈艺录》一卷，虽赏析之作，而实忧患之书也。始属稿湘西，甫就其半。养疴返沪，行箧以随。人事丛脞，未遑附益。既而海水群飞，淞滨鱼烂。予侍亲率眷，兵罅偷生，如危幕之燕巢，同枯槐之蚁聚。忧天将压，避地无之，虽欲出门西向笑而不敢也。销愁舒愤，述往思来。托无能之词，遣有涯之日，以匡鼎之说诗解颐，为赵岐之乱思系志。掎摭

---

① 吴忠匡《记钱锺书先生》，《钱锺书杨绛研究资料集》，第73页。
② 钱锺书《谈艺录》卷首"前记"；冒效鲁《送默存讲学湘中》，安徽文艺出版社1992年2月第1版，第38—39页。

第二章　意园神楼（1939—1949）

> 利病，积累遂多。濡墨已干，杀青愸计。苟六义之未亡，或六丁所勿取；麓藏阁置，以待贞元。时日曷丧，清河可俟。古人固传心不死，老我而扪舌犹存。方将继是，复有谈焉。

1941年夏，钱锺书回上海探亲，值珍珠港事变爆发，日军占领上海租界，他就沦陷在上海出不去了。此时《谈艺录》的写作，已成为忧患的寄托。"麓藏阁置，以待贞元。时日曷丧，清河可俟。""忧天将压，避地无之，虽欲出门西向笑而不敢也。"除了身居沦陷区对作者的刺激外，尚有直接的威胁：日本宪兵的搜查，确实危及了《谈艺录》的存在。在日本军占领的日子里，有一次，两名日本宪兵奉命上门查问，正值钱锺书不在家，杨绛第一个念头就是保住《谈艺录》，结果尽管遭到检查，《谈艺录》手稿却幸未遭殃。杨绛随即通知钱锺书暂勿回家。[①]

《谈艺录》在湘西时写的初稿实际上是全书的一半，在上海时写了另一半，至壬午中元日写"序"，是此书初步完成的标志。"前记"和"序"反映了《谈艺录》主体部分的完成状况，"又记"则反映全书完成后修改、补订的状况，那已是在《谈艺录》正式出版前了：

> 右序之作，去今六载，不复追改，以志一时世事身事耳。初稿既就，余时时笔削之，友好知闻，颇多借阅，且怂

[①] 舒展《杨绛先生素描》，《随笔》1991年第6期。

愿问世。

《谈艺录》1942年成稿后，一边在朋友间流传，一边钱锺书又时时加以笔削。这种修改即使在1944—1946年写作《围城》的繁忙时刻，也没有停止，所以三十五岁生日诗有"书癖钻窗蜂未出，诗情绕树鹊难安"的感叹。钱锺书1948年致友人信中附寄一首诗，有句云："容易一年真可叹，犹将有限事无穷。"自注："后山句，时方订《谈艺录》付印。"① 则此书的修改一直延续到了付印前，可见用功的精勤。

《谈艺录》的修改，在许多地方已经相当于重新写作了。《谈艺录》初稿的完成，前后用了三年，而用在修改上的时间，竟用了六年，为完成初稿时间的两倍。1948年6月，《谈艺录》由上海开明书店印行，次年7月出版，大受欢迎。《谈艺录》经过了十年的磨炼，已经充实成一本重要的文学批评著作了。

《谈艺录》的内容，最初确实来自"谈"，而中心却在"艺"。《谈艺录》的"谈"，就是朋友间的谈诗议论。这种"谈"不仅发生在上海时期，即使在"悄焉寡侣"的湘西时期也没有间断。友人回忆说：

> 在蓝田时期……晚饭以后，三五友好，往往聚拢到一处，听锺书纵谈上下古今。他才思敏捷，富有灵感，又具有

---

① 《钱锺书致黄裳》，万叶散文丛刊《霞》，人民日报出版社1986年9月版，第39页。

非凡的活力和尖锐的幽默感。每当这一时刻,锺书总是显得容光焕发,光彩照人,口若悬河,滔滔不竭。……听锺书清谈,这在当时当地是一种最大的享受,我们尽情地吞噬和分享他丰富的知识,我们都好像在听音乐,他的声音有一种色泽感。契诃夫说的对,"书是音符,谈话才是歌"。①

《谈艺录》序中说:"咳唾随风抛掷可惜也。"钱锺书的咳唾,并没有完全抛掷,其中一部分形成了《谈艺录》和《围城》。友人回忆说:"听钱锺书谈天真是一件非凡的乐事,这简直就是出现在《围城》里的那些机智、隽永的谈话,只是比小说更无修饰,更随便。"②"咳唾随风生珠玉"(语出李白《妾薄命》),钱锺书的议论被保存下来了。

《谈艺录》的"艺",即"山谷诗补注"一则所标示的在字面事料之外的"识诗意"。③钱锺书初读冒广生《后山诗天社注补笺》,当即感到不满:"其书网罗掌故,大裨征文考献,若夫刘彦和所谓'擘肌分理',严仪卿所谓'取心析骨',匪所思存。"④这里的批评,反过来也标示了《谈艺录》的目标,所谓"识诗意",正是其上出之心。由此也可标示《谈艺录》写作方式所承袭的两种传统:

---

① 吴忠匡《记钱锺书先生》,《钱锺书杨绛研究资料集》,第73页。
② 黄裳《槐聚词人》,见《榆下说书》,第295—298页。
③ 钱锺书《谈艺录》补订本,第5页。
④ 钱锺书《谈艺录》补订本,第346页。

一、从"网罗掌故、征文考献"出发，《谈艺录》承袭的是历代诗注、历代学术笔记的传统。这些诗注、笔记发展到了清代，已蔚为大观，冒广生《后山诗天社注补笺》在这一传统中，钱锺书"黄山谷诗补注"最初也在这一传统中。然而它们也是有所不同的：首先是山谷（黄庭坚，1054—1105）和后山（陈师道，1053—1102）不同，虽然两人齐名，而且诗同为天社（任渊）所注，但山谷开派，更为根本。其次是"补注"和"补笺"不同，"补笺"由天社注而下，时间由宋至清，"补注"由天社、青神（史容）而上，时间由清至宋，"补注"难度更大。钱锺书在清华读书时，就已经"宋以后集部殆无不过目"①，积学极为丰厚，撰写"补注"，仅小试身手而已。

二、从认识"诗眼文心"出发，《谈艺录》承袭的是历代文评、诗话的传统。这一传统的重要坐标是刘勰的《文心雕龙》和严羽的《沧浪诗话》。《谈艺录》阐释《沧浪诗话》的分量颇重，也可见《谈艺录》达到的实际立足点。清人的朴实学风，重考据而识文字，然而资料堆积，生气索然。如果将文评、诗话的传统补充诗注、笔记的传统，着重探讨"宗派判分，体裁别异，甚至言语悬殊，封疆阻隔"而往往"莫逆冥契"的诗眼文心②，死资料可全部变活。而"莫逆冥契"不仅仅可以是诗、文本身的，进而甚至可以是诗、文之间或诗、文和其他学科之间的，《谈艺录》的范围也由此扩大。

---

① 钱穆《八十忆双亲·师友杂忆》，岳麓书社1986年版，第112页。
② 钱锺书《谈艺录》补订本，第346页。

第二章　意园神楼（1939—1949）

中国文化史中的文评、诗话传统，延续至清末民初王国维《人间词话》，已有若干西方文化影响的渗入。而钱锺书《谈艺录》居其后，在吸收外来文化上又大大跨进了一步。《谈艺录》是传统的承袭者，也是传统的改变者。《谈艺录》结合两个传统又贯通中西的写作方式，正是其特色所在。在《谈艺录》序中，作者宣言：

> 凡所考论，颇采"二西"之书，以供三隅之反。盖取资异国，岂徒色乐器用；流布四方，可征气泽芳臭。故李斯上书，有逐客之谏；郑君序谱，曰"旁行以观"。东海西海，心理攸同；南学北学，道术未裂。虽宣尼书不过拔提河，每同《七音略序》所慨；而西来意即名"东土法"，堪譬《借根方说》之言。非作调人，稍通骑驿。

这篇文字，是《谈艺录》的宣言，也是中国文评、诗话传统在环境变化下的宣言。在东西方之间，不仅必须有物质（所谓"色乐器用"）的交流，而且必须有思想文化（所谓"气泽芳臭"）的交流。这是时代的大潮流，《谈艺录》能相合这一时代潮流，在"五四"以来的各种文学派别中，开创了新的局面。

《谈艺录》全书解读较难，结构也较散乱。作者自述"兴会之来，辄写数则自遣，不复诠次"，是全书难读的原因之一。今试作整理，借以分辨出它的大纲和主要论述范围。分辨标准就是作者安排于首位的第一则"诗分唐宋"。以"诗分唐宋"为界，可以看出《谈艺录》论述对象大致在宋至清,间或上及唐和唐以前,但是数量不多,而且往往采用宋诗的批评思路。明确了"诗分唐宋"的标准,对《谈艺录》全书 91 则进行分类排列①,以唐宋为时间,以具体批评和理论研究为空间,可以分辨《谈艺录》全书的结构大纲。

总论是第一则"诗分唐宋"。由"诗分唐宋"(1)入手,在具体批评方面,入唐有李长吉(6—14),入宋有黄山谷(2),二则相并,是《谈艺录》的重心。由长吉而昌黎(16—23)入唐,乃见宋诗之本。其中长吉论述则数最多,重视其修辞设色,为全书的重点之一。此外于唐由昌黎数则旁及张文昌(25),而杜子美(51)一则独悬于外。于宋则由山谷而梅宛陵(49—50)、陆放翁(32—37),放翁论述较多,也是全书重点之一。而唐前有陶渊明(24)、庾子山(90);宋后,于金元有赵松雪(26)、元遗山(43—45);入明则有七子(42)、竟陵(29);入清则有王渔洋(27—30)、钱箨石(52—58)、赵瓯北(38—40);由清入近代,则以龚定庵(39)、王静安(3)结束。

在理论研究方面,可分中西两部分。中国部分重点在《沧浪诗话》(兼及渔洋,28、6、5)和《随园诗话》(59—86)。其中论《沧浪诗话》有重要的理论观点。论《随园诗话》篇幅较大,围绕一部书进行评论,与后来《管锥编》的体裁有所相似。西

---

① 《谈艺录》原稿是"不复诠次"的。友人周振甫在出版时为其标立了目次。《谈艺录》初版的这一目次,稍感琐碎,后来《谈艺录》补订本把它重新厘定为 91 则,今以补订本确立的则数为依据。

方部分以白瑞蒙论诗为主（88—89），兼及说圆（31），此段讨论西方的思想，大量征引西方典籍而较少征引中国典籍，这和作者后来以西文属草的《感觉·观念·思想》体裁是否相似？余三则为模写自然和润饰自然（15）：诗乐离合、文体递变（4）、文如其人（48）。而"论难一概"（91）是全书最后一则，可相当于全书的结论。此则广举中西典籍之例，阐明"一手之作而诗文迥异"等"同时之异世，并在之歧出"的状况，呼应全书各则的辩析，而最后以"孔子一贯之理，庄生大小同异之旨"为定石，明矛盾而通骑驿，由此自叙出一生"文史通义"的志向。

以上勾勒的大纲稍简单，也不尽准确，但对理解《谈艺录》全书内容或许有一定帮助。"诗分唐宋"一则极要，它不仅是理解《谈艺录》的枢纽，也是理解钱锺书一生治学的枢纽。在后来的年代中，钱锺书编选《宋诗选注》，参与编写《唐诗选》初稿，并且主持编写《中国文学史》唐宋部分，都是此一枢纽的变化。经此枢纽之转折，《管锥编》一跃而至先秦，那已是一部真正的"文史通义"了。

抗战胜利后不久，中国内战爆发，局势动荡。1948—1949年，辽沈、淮海、平津三大战役先后发动。1949年2月，解放军进入北平，中国共产党掌握天下已成定局，学术界也深受震荡。其时除了出国或入港台的人，也有留在大陆徘徊观望，终不愿离开祖国的人，比如陈寅恪和吴宓。1948年冬，陈寅恪在战争炮火中离开北平乘飞机至南京，随后又转上海，1949年1月抵广州，台湾"中央研究院"历史语言研究所所长屡电催其赴台，终决定不往。① 吴宓也拒绝聘邀，"自己决定，不问祸福如何，决定不到外国去"。② 也有北上或在原地迎接新政权的人，比如《文艺复兴》编辑郑振铎、李健吾，《观察》编辑储安平等经常秘密聚餐，交换关于战争和文艺界情况，他们是在原地迎接新政权的。③ 钱锺书友人傅雷1948年去了昆明，1949年6月去香港，终于在年末转道天津、北平回到上海。④ 这些人物都和钱锺书有一定的关系，他们的活动对钱锺书也有着各种各样的影响。

1948年前后，钱锺书有好几次离开大陆的机会：台湾大学聘请钱锺书为教授，香港大学请他去任文学院院长，英国牛津大学特聘他为高级讲师（Reader），钱锺书均予谢绝。钱锺书谢绝外来各种聘任，除了有暨南大学的教务外，还有种种其他原因：唯一的爱女患有肺疾，因而认为伦敦的恶劣气候不适宜于她的健康；香港不是学人久居之地，以不涉足为宜；等等。⑤ 1949年3月，在中共地下党的安排下，一批上海文化人士撤退至香港北上转解放区，其中有郑振铎。郑振铎停留香港时，写信给上海的钱锺书、杨绛夫妇，要他们暂不出国，等待"解放"。⑥ 钱锺书夫

---

① 蒋天枢《陈寅恪先生编年事辑》，上海古籍出版社1981年9月第1版，第131—133页。
② 吴学昭《吴宓与陈寅恪》，第128页。
③ 陈福康编著《郑振铎年谱》，书目文献出版社1988年3月版，第426页。
④ 金梅《傅雷传》，台湾业强出版社1982年8月版，第256页。
⑤ 邹文海《忆钱锺书》，《钱锺书研究》第二辑，第293页。
⑥ 陈福康《郑振铎年谱》1949年2月，第429页。钱锺书和郑振铎的交往，参看1945年3月6日（《文艺复兴》出版），第369页；1948年1月1日（送《书林季刊》），第420页。又郑振铎争取北上者，尚有其时在杭的夏鼐，参看第422页、第443页、第445页。

妇最终没有出国,是他们考虑各方面情况后的综合决断,郑振铎的信当然不可能有决定作用,但也说明了当时各方面的影响之一。

1949年夏,钱锺书举家北上。他受聘担任清华大学外文系教授,并负责外文系研究所。钱锺书结束了在上海的生活,定居北京,从而进入了新时期。

第三章 沧浪之水（1950—1965）

一、"微波喜摇人,小立待其定"

1949年,中华人民共和国成立,当时政府的首要任务是恢复国民经济,总的形势是向上的。但是在政治和文艺界,发生了若干次大的斗争。仅以文艺界而论,在1949—1956年间,比较大的运动已经有了三次:1951年对电影《武训传》的批判,1954年对《红楼梦》研究中资产阶级唯心主义的批判,1955年对胡风文艺思想的批判。

分析这三次批判的性质,会发现它们的矛头所指各有不同,而且一次比一次严峻:批判《武训传》"行乞兴学"的"至勇至仁",批判的根子是封建主义,其时间在辛亥革命和"五四"运动以前;批判《红楼梦》研究中的资产阶级观点,虽然从《红楼梦研究》作者俞平伯入手,而总根则是"五四"以后居于"右翼"的代表人物胡适;批判胡风文艺思想,其根子已涉及"五四"以后居于"左翼"文化阵营内部的不同派别。

这里历史和逻辑似乎有着一致:三次批判对象由封建阶级、"五四"启蒙主义到三十年代左翼,呈现由外而内的状态;而且从批评、帮助到定性为反革命集团，一次比一次激烈，最后在国际、国内政治形势和文化思潮的影响下，由内向外翻出，终于达到高峰，衍成1957年涉及全民的反右派运动，并成为后来更大规模"文化大革命"的前驱，前十七年的形势也就此转折。

在三次批判之间，还有过一些其他小运动，比如在1951—1952年间，和全国规模的"三反"（反贪污、反浪费、反官僚主义）运动结合，有一次知识分子思想改造运动，运动的方式还是相当和风细雨的，但对思想也有深刻的触动。这种做法后来被称为"洗脑筋"，杨绛后来用长篇小说描写了这次运动，把它称作"洗澡"。"沧浪之水清兮，可以濯我缨；沧浪之水浊兮，可以濯吾足"，中国知识分子面临着新环境的考验。

钱锺书1949年举家北上，定居北京。清华是他的母校，他来到的是熟悉的旧环境；但他所身处的已是新时代，这里对他来说又是新环境。新环境不得不影响着他，他也作着调节和适应，智慧增长了。在新时代的清华园里，钱锺书教过书，带过研究生，他非凡的才华和惊人的记忆力，给学生留下了深刻的印象，有些故事甚至接近传奇。当时在清华读书的人回忆：

> 四十年代，笔者在京就学时，钱先生任教于清华大学。他的惊人记忆力，在学生中广为流传。有一次中文系的一位同学从图书馆回寝室大叫大嚷："不得了！不得了！"大家惊问怎么回事，原来这位同学是研究唐诗的，他为了考证一个典故，从图书馆遍寻未获，正巧碰到钱锺书先生，便上前

第三章 沧浪之水（1950—1965）

请教。钱先生笑着对他说，你到那一个架子的那一层，那一本书中便可查到这个典故。这位同学按图索骥，果然找到了这个典故，因此他大为惊讶。

钱锺书先生笔锋犀利，不少人都有些怕他。虽然他待人宽厚，常开玩笑，但他学识之渊博，却使学生产生敬畏之感。还记得有位同学在学期末交了一份读书报告，他没有好好思考，只是从几十本书中东抄西凑成一篇，草草交账。钱先生看后，不加一句评语，却把他所引的话的出处一一注出。当时大家表面都笑话这位同学，但从心里不得不佩服钱先生的学识和记忆力。①

钱锺书其时已经不发表作品了，只是静静地读书，用人类文化知识丰富着自己，也适应着时代。在清华园里，钱锺书也接待过客人，例如傅雷夫妇、黄裳等。傅雷来访时，钱锺书夫妇曾受吴晗之托请他留在清华，但傅雷没有听从，还是回到了上海。② 黄裳来访时，见到的是一个典型的夜读情景。黄裳回忆道：

> 住在清华园里的名教授，算来算去我只有一位熟人，就是钱锺书。第二天吴晗要赶回城去，因此我就把访问安排在

---

① 上海师范大学外语系乔侬教授的回忆，见陆灏《钱锺书的风格》，《文汇读书周报》1986 年 9 月 27 日。
② 金梅《傅雷传》，台湾业强出版社 1992 年 8 月版，第 257 页。

第三天的晚上。吃过晚饭以后我找到他的住处，他和杨绛两位住着一所教授住宅，他俩也坐在客厅里，好像没有生火，也许是火炉不旺，只觉得冷得很，整个客厅没有任何家具，越发显得空落落的。中间放了一只挺讲究的西餐长台，另外就是两把椅子。此外，没有了。长台上，堆着两叠外文书和用蓝布硬套装着的线装书，都是从清华图书馆借来的。他们夫妇就静静地对坐在长台两端读书。是我这个不速之客打破了这个典型的夜读环境。①

这里提到的吴晗，当时已被任命为清华大学校务委员会副主任、文学院院长、历史系主任，并且是第一届全国政协委员，后来又担任北京市副市长。② 黄裳回忆中的"第二天吴晗要赶回城去"云云，指吴晗参与政务工作的繁忙，这和钱锺书的静静读书，形成了鲜明对照。黄裳回忆中提到西餐长台旁的"两把椅子"，实际上是记忆失误。钱锺书后来纠正说，那间大房间确有一只讲究的西餐长台，但椅子是没有的，那只不过两只竖摆着的木箱③。"椅子"原来是"木箱"，可见条件简陋。而"冷板凳"竟然也有"椅子"和"木箱"的区别，虽然只是一个小小的更正，钱氏夫妇事事求真的细腻风格，也可见一斑。

钱锺书北上后，继续广搜博览地读书，当时清华所藏的西文

---

① 黄裳《槐聚诗人》，见《榆下说书》，第297页。
② 王宏志《吴晗》，第130页。
③ 黄裳《在三里河》，见《花步集》，花城出版社1982年5月第1版，第205页。

第三章　沧浪之水（1950—1965）

图书，几乎每一本的书卡上都有他的名字。他似乎不用藏书，因为都藏在脑子里了。① 钱锺书在 1950 年还生过一场病，沪上的友人冒效鲁等对此也极为关心，冒氏有《讯默存疾》一诗寄京②，诗中用了维摩诘、孔夫子等典故，那是尊重这位大学问家的身份了。

"三反"运动以后，全国各大学进行院系调整。清华大学改为工科大学，文科部分并入北京大学，钱锺书也随之归于北大。1952 年北大筹备成立文学研究所，1953 年正式成立，钱锺书摆脱教务，在文学研究所挂了名儿，实际干的是《毛泽东选集》英译本的定稿工作。③ 这份工作占去了钱锺书相当的时间和精力，但也为他挡去了若干不必要的干扰。初进文学研究所时，钱锺书和杨绛担任的都是外国文学组的研究员。以后所长兼古典文学组组长郑振铎将钱锺书"借调"为中国文学组的研究员。此后钱锺书、杨绛就一直分属于古典文学和外国文学两个组了。1955—1957 年，在郑振铎、何其芳、余冠英、王伯祥等人的支持下，钱锺书独力完成了涵盖一代的《宋诗选注》，是他这一时期的最重要著作。然而，就在钱锺书完成《宋诗选注》后，一场影响极大的反右派斗争爆发了。

---

① 上海师范大学外语系乔侬教授的回忆，见陆灏《钱锺书的风格》，《文汇读书周报》1986 年 9 月 27 日。
② 冒效鲁《讯默存疾》（1950）："示疾悬知世已非，朋簪寥落几多违。《围城》惝恍犹能记，落照苍茫遂不归。耿耿心同空迹象，纷纷耳学炫渊微。栖皇夫子无宁处，忍使挥弦睨鸟飞。"见《叔子诗稿》，安徽文艺出版社 1992 年 2 月第 1 版，第 87 页；参观《月夜寄怀默存燕市》（1949）："天罢金门隐，人尊稷下师"，见同书，第 85 页。
③ 郑朝宗《怀旧》，见《海滨感旧集》，第 53 页。

1956年，毛泽东提出了"百花齐放，百家争鸣"的方针。1957年2月，毛泽东在最高国务会议上作了《关于正确处理人民内部矛盾的问题》的著名讲话，讲话提出："革命时期的大规模急风暴雨式的群众斗争基本结束"，"以后大量突出的是人民内部矛盾"。这个讲话3、4、5月间在干部和知识分子中间传达后，全国开展了整风运动。然而由于种种原因，这场运动在5月间转变成了反右派斗争，事情起了变化。由于受形势变化的影响，反右派斗争扩大化了。

1957年春，"大鸣大放"正值高潮，钱锺书《宋诗选注》刚脱稿，因父亲钱基博之病到湖北省亲（钱基博1949年以后一直任教于武汉的华中师范学院），路上写了《赴鄂道中》五首绝句，杨绛后来引录了其中三首：

晨书暝写细评论，诗律伤严敢市恩。碧海掣鲸闲此手，只教疏凿别清浑。

弈棋转烛事多端，饮水差知等暖寒。如膜妄心应褪净，夜来无梦过邯郸。

驻车清旷小徘徊，隐隐遥空辗懑雷。脱叶犹飞风不定，啼鸠忽噤雨将来。

杨绛解释道：

后两首寄寓他对当时形势的感受，前一首专指《宋诗选注》而言，点化杜甫和元好问名句："或看翡翠兰苕上，未掣鲸鱼碧海中"；"谁是诗中疏凿手，暂教泾渭各清浑。"据我了解，他自信还有写作之才，却只能从事研究和评论工作，从此不但口"噤"，而且不兴此念了。①

前一首，联系《宋诗选注》而言。点化的杜甫名句出于《戏为六绝句》，相应于涵盖一代的气魄。点化的元好问名句出于《论诗绝句》，相应于大量的细致梳理。而"诗律伤严敢市恩"，点化宋代诗人唐庚《遣兴》名句"诗律伤严似寡恩"，相应于《宋诗选注》"六不选"的严峻原则。"晨书暝写"指在两年中的勤奋劳动，钱锺书虽然积累丰厚，如果没有"晨书暝写"的艰辛写作，如何可能周密而正确？

后二首中，"脱叶"二句形象地表示"放"而将"收"前夕知识分子状态。②"如膜"句出于苏轼诗"妄心如膜褪重重"（《次韵答子由》）。"夜来无梦"双关道家"邯郸一梦"的典故和赴鄂道中经过的邯郸，推本其根，为《庄子·大宗师》"至人无梦"的境界。杨绛说钱锺书"自信有写作之才"，到这时已经不但口"噤"，而且"不兴此念"了，实际上指出了钱锺书1949年前后在思想上和写作上渐渐完成的转机。这一转机的具体内容是由1949年以前钱锺书所坚持的创作和研究的两路平行精进，至此放弃创作，将精力全部转往研究。

---

① 杨绛《记钱锺书和〈围城〉》，见《将饮茶》，第137页。
② 吴忠匡《忆钱锺书先生》，见《钱锺书杨绛研究资料集》，第68页。

在四十年代，钱锺书有过相当大的写作计划。在创作方面，《围城》之后，计划续写《百合心》。在理论方面，《谈艺录》以论诗文为主，而于考证旧小说，则准备另写一本书。① 钱锺书从上海迁居北京后，这些工作都没有再继续：《百合心》的手稿在搬家的手忙脚乱中遗失；对旧小说的考订也同时搁下，不再捡起。钱锺书在1950年1月写信给友人说："弟诗情文思，皆如废井。"② 或即指此"不兴此念"的状态。

在1949年以后，以迁居北京时遗失《百合心》手稿发其端，钱锺书在相当长时间里，以读书为主，具体发表作品极少，也许就是口"噤"的形象。口"噤"之后，转机出现。抛开创作一路，转以理论研究为主，而创作完全寓于理论研究中。由此二而一，使钱锺书能再次集中精力于一路而步步上出，使此一路变化精彩纷呈，终于达到《管锥编》的大成之象。由"口噤"到"不兴此念"，这一顺乎时势作出的抉择，不但对钱锺书后来的写作关联极大，而且对他能较少牵连地渡过当时以及后来的种种风波，也有间接的助益。绝句中"如膜妄心应褪净"，"夜来无梦"，"如鱼饮水，冷暖自知"，均有自修自证意，宜深入体验此中意味。

1957年的反右斗争声势极大，钱锺书的一些亲友皆受波及。父亲钱基博在这场运动中受到粗暴批判，并于此年逝世。叔父和

---

① 钱锺书《致黄裳》："《谈艺录》中衍文误脱错简处甚多，再版时或可改正。考订旧小说者（甚琐屑不足道），他年当另成一书耳。"见《霞》，第40页。
② 钱锺书《致黄裳》，转引自黄裳《槐聚词人》，《榆下说书》，第295页。

第三章　沧浪之水（1950—1965）

堂弟都被打成右派。友人如傅雷、徐燕谋以及郑朝宗等，皆未免于难。钱锺书本人虽然也因《宋诗选注》遭到一场连续的批判，但没有受到更多的牵连。

钱锺书后来在《谈艺录》补订本中写道："世故颛洞，人生艰窘，拂意失志，当息躁忍事，毋矜气好胜；日久论定，是非自分。其《赠送张叔和》云：'我提养生之四印：百战百胜，不如一忍；万言万当，不如一默'；又《和斌老》第二首云：'外物攻伐人，金鼓作声气；待渠弓箭尽，我自味无味。'皆即'口舌难争，坚壁勿战'之旨。此《金刚经》所谓'无诤三昧'，亦犹后来陈简斋《葆真池上》名句所谓'微波喜摇人，小立待其定'也。"① 简斋《葆真池上》的名句，钱锺书极喜引用，并自撰一联"不定微波宜小立，多歧前路且迟徊"赠送友人。② 这里是不是也包含着他本人的深湛修养呢？

五十年代，在《宋诗选注》的前后，钱锺书还发表过两篇文章，在学术上恰成一西一中之象。"西"指钱锺书发表的一篇译文，德国诗人海涅写的《精印本〈堂·吉诃德〉引言》③；"中"指一篇书评，评钱仲联的《韩昌黎诗系年集释》④。这两篇文章在钱锺书的著译中占有一定的地位。前一篇是钱锺书署名发表的译作中最突出的一篇。钱锺书的翻译理论自成一家，而考察

---

① 《谈艺录》补订本，第333页。
② 郑朝宗《怀旧》，见《海滨感旧集》，第55页。
③ 《文学研究集刊》第二册，人民文学出版社1956年1月版。
④ 《文学研究》1958年第2期。

其本人的翻译，却不得不从本篇入手。后一篇是钱锺书的最后一篇书评——从此他再也没有评论当代人著作的单篇文章。钱锺书的书评比较地集中于清华、牛津时期，最早一篇似乎就是为父亲代笔写的钱穆《国学概论》序（1930），而最后一篇即是本篇。这篇书评在肯定被评作品的同时，不断指摘出书中的缺失，这是钱锺书尊重学问的严肃态度，但也令人望而生畏——仍然是早年风格的明显流露。

此后，钱锺书所从事的这中、西两端都延伸入六十年代。在中国一端，钱锺书参与了余冠英主编的《中国文学史》的编写，负责其中的唐、宋部分，并且参与了余冠英《唐诗选》的选注和审订。在六十年代以后相当长的一个时期中，中国大陆最流行的文学史有两套：游国恩等人编写的《中国文学史》（四册）和余冠英主编的《中国文学史》（三册）。这两套文学史的编写分属于不同的系统：游国恩等的文学史属于高校系统，余冠英等的文学史属于科学院系统。两部书多次再版，广泛流行于社会。[1] 钱锺书早年有编写文学史的设想，写过《中国文学小史序论》（1933），当时人认为钱锺书是写文学史最适当的人。[2] 这一

---

[1] 游国恩文学史1961年4月由高校文科教材编写计划会议确定编写，1963年7月人民文学出版社出版。署名主编是游国恩（北京大学）、王起（中山大学）、萧涤非（山东大学）、季镇淮（北京大学）、费振刚（北京大学）。中国科学院文学研究所1958年1月有编订多卷本文学史的计划，六十年代由余冠英主持编写。此书上古至隋段由余冠英主持，唐宋段由钱锺书主持，元明清段由范宁主持。人民文学出版社1962年7月出版。
[2] 邹文海《忆钱锺书》："锺书君深受西洋治学方法的熏陶，又不以词章名家，甚少旧有的门户与家派之见，更兼涉猎广博，实在是写文学史最适当的人。"《钱锺书研究》第二辑，第293页。

第三章 沧浪之水（1950—1965）

夙愿虽然最终没有实现，但主持编写部分文学史，也是他早年夙愿的某种补偿。在当时条件下，撰写作为科学院文学所集体项目的文学史，是不可能发挥他个人独特见解的，只能按照既定的思路尽可能地表述一些观点。尽管如此，钱锺书在他主持的唐宋部分仍然有相当程度的别出心裁之处。在由他执笔撰写的篇章中，仍然体现着鲜明的"钱锺书风格"，一望便知。

在西方一端，钱锺书继《精印本〈堂·吉诃德〉引言》之后，又发表了译文《弗·德·桑克梯斯文论三则》[①]，两篇译文在内容上有所呼应，前篇涉及塞万提斯有丰富内涵的滑稽史诗作品，以致海涅说每隔五年读一遍《堂·吉诃德》，印象每次不同。[②] 后篇涉及德·桑克梯斯关于作家意图和作品效果往往不相符合以至于彼此矛盾的理论，即对"意图迷误"的批判。在六十年代，钱锺书还参与了《外国理论家、作家论形象思维》西欧古典部分、西欧和美国现代部分的编选翻译。[③] 前面说过，钱锺书在《宋诗选注》前后，已经完成了思想上和写作上的转机。但是转机完成之后，一时并没有重要的成果出现，只看见他在大大小小的集体项目上分散着精力，似乎毫无声息，但时代仍然影响着他，他对时代也是有所感觉的。

[①] 《文汇报》1962 年 8 月 15 日。
[②] 杨绛《堂·吉诃德和〈堂·吉诃德〉》，见《春泥集》，上海文艺出版社 1975 年 10 月第 1 版，第 2 页。又同书引钱氏译文见第 3 页，第 9 页，第 17 页，第 18 页。
[③] 这本书的主要部分 1966 年完成，"文化大革命"结束后，于 1979 年出版。此书西欧古典部分参加者为钱锺书、杨绛、柳鸣九、刘若端，西欧和美国现代部分参加者为钱锺书和杨绛。

对于六十年代的钱锺书,从友人的回忆中可以了解到若干情况:

> 1962年他到上海来过一次,出席大学文科教材会议。我设法挤进会议室去看他。在会议桌前相对,没有讲话,不过我至今还记得他当时眉宇之间的瞬息变化。"年光逝水,世故惊涛",这一切,都在不言中进行了尽情的表述、交流。那次的经验也是奇妙的。①

这一奇妙的经验,可以作为钱锺书这一时期的总感觉、总说明。积聚的过程是否就发生在这种分散中呢?聚散中有数,神者自明之。

五十年代至六十年代,钱锺书还参与了翻译《毛泽东选集》和《毛主席诗词》的工作。海外一度有钱锺书担任毛泽东英文秘书的传闻,也许就是从这些事实衍变而来。② 钱锺书是《毛泽东选集》英译本审校工作的主持者,和一位外国专家共同负责。这一工作开始于五十年代初,以后又延续至六十年代。参与翻译《毛泽东诗词》开始于五十年代末,也延续至六十年代。五十年代末成立毛泽东诗词英译的定稿小组,由当时中宣部文艺处处长袁水拍任组长,乔冠华、钱锺书、叶君健任组员。袁水拍对原作的解释有最后发言权,乔冠华也起作用,钱锺书和叶君健主要从

---

① 黄裳《关于〈管锥编〉的作者》,见《榆下说书》,第300页。
② 见钱穆《八十忆双亲·师友杂忆》。

事翻译和译文的润色工作。此后小组又增加了赵朴初和苏尔·艾德勒,小组的工作到"文化大革命"才暂时中断。[1]

翻译《毛泽东选集》和《毛泽东诗词》,在当时是至高无上的重大任务,这一任务占用了钱锺书相当的时间和精力,使他没有能产生更多、更重要的学术成果,但是参与这一任务也为钱锺书拦挡了来自各方面的干扰,使他在相当程度上受到重视,处于相对有利的学术环境中。这种状况是由当时的特殊环境造成的,其是非得失很难评判。然而就是这样曲折复杂的环境磨炼着敏锐犀利的感觉,以后《管锥编》在汪洋恣肆的资料引证中所蕴含的高度辩证的观点即由此而来,钱锺书渐有大成之象。

---

[1] 叶君健《毛泽东诗词的翻译———一个回忆》,见《中国翻译》1991年第4期。

二、碧海掣鲸——《宋诗选注》

1953年文学研究所成立以后,主要分三个组。一个是古代文学组,一个是外国文学组,一个是文艺理论组。所长郑振铎兼古代文学组组长,副所长何其芳。在文学所成立初期,钱锺书原来属于外国文学组,后来被郑振铎"借调"到了古代文学组,从此"一借不再还,一调不再动",就一直留在古代文学组了。自1955年至1957年,在郑振铎、何其芳、王伯祥等人支持下,钱锺书独力完成了《宋诗选注》,这是钱锺书在前十七年中最重要的著作。

《宋诗选注》初露于世,以两篇文章的发表为标志。一篇是发表于《文学研究》季刊1957年第一期的《宋代诗人短论》(十篇),发表时有题注:

> 这是从即将完成的《宋诗选注》中摘录出来的。

可见此书当时还没有最后完成。第二篇是发表在《文学研

第三章 沧浪之水（1950—1965）

究》1957年第三期的《宋诗选注序》，序一般都是全书完成后写的，可以推测此书当时已经完成。《文学研究》1956年下半年开始筹备，1957年创刊，钱锺书是该刊的编委之一。1959年，这份杂志改名《文学评论》，成为当时中国文学界最有权威的评论刊物。钱锺书发表的两篇文章，是《宋诗选注》的外在显现；而其时的内在心境，是后来杨绛披露的《赴鄂道中》诗三首。要了解《宋诗选注》的思想和内容，可读以上两篇文章；要了解此书和作者本人的联系，则可读《赴鄂道中》前引诗篇。"碧海掣鲸闲此手，只教疏凿别清浑"，钱锺书前十七年的主要力量集中于此书，精彩纷呈。

《宋诗选注》涵盖一代，共选了有宋一代八十位诗人的作品。钱锺书早年的《谈艺录》是他论述宋诗之始，此书涵盖宋元明清并上及唐下及民国，其立足点却在宋。《谈艺录》第一则标示"诗分唐宋"，但实际论述不是由唐而上，而是由宋而下；如果把此书看成一部特殊形态的"宋诗论"，似不为过。从《谈艺录》到《宋诗选注》，既可以看出1949年以后的巨大变迁给钱锺书思想带来的变化，也可以看出《谈艺录》完成后十年中新的积累和进境。《宋诗选注》是钱锺书长期以来研究宋诗的总结，《宋诗人短论十篇》和《宋诗选注序》先期发表，标示了全书的代表性观点。两篇文章中，《宋代诗人短论十篇》发表在前，这里也相应放在前面介绍。

《宋代诗人短论十篇》共论述十人，如果分类排列，研究其结构形式，可列出以下四行：

北宋 { 1. 文同
2. 王安石　3. 苏轼　4. 黄庭坚

南宋 { 5. 徐俯　6. 刘子翚
7. 杨万里　8. 陆游　9. 范成大　10. 尤袤

此处把十人分成四行，以重心而论，内容以二、四两行为主，形成北宋和南宋两个系列。宋诗的最主要作者，均反映在这两个系列中。其中第一系列重在第二行（2~4），反映北宋的主要作者。第二系列重在第四行（7~10），反映南宋的主要作者。由此合成对宋代诗人的总体认识。

第一系列的重心反映北宋王安石、苏轼、黄庭坚之间的一贯：王安石是宋诗形式主义风格的直接开端。[1] 其后苏轼、黄庭坚齐名。苏是宋代最伟大的文人，继承而拓展；黄则开创了宋代影响最大的诗歌流派"江西派"，集形式主义的大成。宋诗的苏、黄并称，犹如唐诗的李、杜并称：苏的豪放可相比于李白，黄犹杜甫的继承者。[2] 对宋诗风格的形式发展来说，王、苏、黄一贯，至黄而集大成，由此形成了宋诗的第一重镇。[3]

---

[1] 《宋诗选注》"王安石"："尽管他自己的作品大部分内容充实……而后来宋诗的形式主义也是他培养了根芽。"又："流传下来的，宋代就有注本的宋人诗集从王安石集数起，并非偶然。"

[2] 《宋诗选注》"苏轼"："李白之后，古代大约没有人赶得上苏轼这种'豪放'。""黄庭坚"："死后给他的徒子徒孙推荐为杜甫的继承者。"

[3] 《宋诗选注》"黄庭坚"："钟嵘早就反对的这种'贵用事''殆同书抄'的形式主义，到了宋代，在王安石的诗里又透露了迹象，在'点瓦成金'的苏轼的诗里愈加发达，而在'点铁成金'的黄庭坚的诗里登峰造极。"

第二系列反映南宋杨万里、陆游、范成大、尤袤"中兴四大诗人"的并列。四人中杨、陆最突出,在南宋时也被比拟为唐诗的李、杜。杨是南宋转变风气的枢纽,他开辟了一种新鲜泼辣的写法。① 而陆对后世影响更大,他的作品有悲愤激昂和闲适细腻两方面,历代颇重视后一方面,而近代开始重视前一方面。范成大集田园诗人大成,尤袤则流传下来的诗很平常,影响渺渺。四人虽然当时齐名,后来的影响并不相同,声名也显晦有变。在时代变迁中,事物的不同内涵必然或显或隐,有消有长,定论难定,即属此类。四人形成宋诗的第二重镇,和前面的第一重镇相应。

两个系列之间的一、二两行,虽然列举的诗人相对不太重要,却具有一定代表性。因为它们都关涉到诗以外的内容,核心是政治和文化。第三行(5~6)"徐俯"关涉宋诗和宋代政治的关系,具体是宋代的党争。"刘子翚"关涉到宋代的思想文化,具体是宋代的理学。研读宋诗,这两方面的背景不可忽视。历史上哲学家对诗歌的排斥或有其理,宜探明其立论所本。《选注》在"陆游"节引《示子遹》:

> 我初学诗日,但欲工藻绘;中年始少悟,渐若窥弘大……汝果欲学诗,工夫在诗外。

对诗或宋诗的理解如果欲"窥弘大",第三行所列的政治和

---

① 《宋诗选注》"杨万里":"从杨万里起,宋诗就划分江西体和晚唐体两派。"

文化是"诗外"的两个出口。如果仅从形式上"工藻绘"着眼，局限于诗内，则于浑然整体的宋诗有所阙失。由此再推至第一行（1），文同是北宋初年的大画家，他的诗属于宋诗前期苏舜钦、梅尧臣的质朴生硬风格，其时尚在王安石、苏轼讲究辞藻和铺排典故的风气之前。以形式主义的结构理论分析，一个格局中关涉其他之处，为整个格局中打破格局的开口处，生气通天，最宜注意。《宋诗选注》以"短论"十篇中涉及诗画关系的"文同"标示其意，犹如《谈艺录》以前后围绕的论文《中国诗和中国画》标示其意，颇见《宋诗选注》和《谈艺录》之间的相关相涉；又"短论"十篇以宋诗中比较平实的文同志始，犹如《红楼梦》大观园联句以王熙凤"一夜北风紧"起句，在平实平凡中蕴藉着无限生发的意趣，由厚而灵，极妙。

《宋诗选注序》是综论宋代诗歌的大文章，这是钱锺书多年来研究宋诗的总结。从《谈艺录》到《宋诗选注》，钱锺书有长足的进步。《宋诗选注序》的整饬弘大，就是突出表现之一。文章第一部分谈宋诗的时代背景及其社会生活。第二部分谈宋诗的艺术表现，并对宋诗作整体估价。第三部分谈选诗标准和材料问题。[①] 第一部分的坐标选择以汉唐宋为"后三代"，在此坐标中，汉唐国势尚盛，宋已渐趋衰落。这一中国社会的下降趋势线，极为突出，宋代文化的多方面特征与此相关，宋代诗歌的种种特征也和此相关。第二部分钱锺书表示了对宋诗的总体

---

① 胡念贻《评〈宋诗选注序〉》，《光明日报》1958年12月14日。

评价:

> 整个说来,宋诗的成就在元诗、明诗之上,也超过了清诗。我们可以夸奖这个成就,但是无须夸张、夸大它。

这一综合评价甚为允当。由宋而元明清,总体趋势似有继续滑落之象。整段以唐、宋诗的比较立论,没有上及汉魏晋诗,如果对汉魏晋诗的浑厚有所体味,则对唐、宋诗的疆域及其质地可以有进一步认识。第三部分钱锺书提出了著名的"六不选"原则,这是他对"选学"的大贡献:

1. 押韵的文件不选。
2. 学问的展览和典故成语的把戏也不选。
3. 大模大样的仿照前人的假古董不选。
4. 把前人的词意改头换面而绝无增进的旧货充新也不选。
5. 有佳句而全篇太不匀称的不选。
6. 当时传诵而现在看不出好处的也不选。①

台湾学者孟令玲称"六不选"代表了钱锺书"对中国诗学的通盘看法",他的"六不"和胡适《文学改良刍议》

---

① 何开四《钱锺书美学思想的历史演进》,《〈管锥编〉研究论文集》,第91页。

的"八不"异曲同工,"代表着中国诗史的重要转折","殆成定论"。① 钱锺书的严峻态度在"六不选"中表露无遗,以此收住全篇,稳实而精当。

钱锺书《宋诗选注》的完成,有着多方面的意义。首先对古代文学而言,《宋诗选注》是第一部比较重要的宋诗选本。宋诗历来无重要选本,清代出现了吴之振等的《宋诗钞》和厉鹗的《宋诗纪事》,两部书主要为资料编纂,都不是严格意义上的选本。此后有陈衍的《宋诗精华录》,此书门户之见较深。② 而在新的时代条件下,钱锺书继承前人成果,冲破重重难关完成的这部新选本,对读者认识宋诗以及宋代文化是重大的贡献。《宋诗选注》突破旧的笺注模式,创造性地把注释和评论结合起来,无论在材料的去取上,甄选的标准上,作家的评骘上,都有新的创造和发展,使人耳目一新。③ 在1949年以后以个人独力完成的选本中,《宋诗选注》是最为精密而且有突出个人风格的一种。它不仅在五六十年代独步一时,即使在七八十年代也仍然领先。

钱锺书《宋诗选注》还是受到一定的时代限制。来自当时政治气候的压力,相当地制约了这部个人独力完成的著作。《宋诗选注》是文学研究所编校的中国古典文学作品读本丛书的第

---

① 孟令玲《钱锺书的〈宋诗选注〉》,原载《文学评论》1980年第6期,转引自《钱锺书杨绛研究资料集》,第370页。
② 夏承焘《如何评价〈宋诗选注〉》,原载《光明日报》1959年8月2日,转引自《钱锺书杨绛研究资料集》,第364页。
③ 夏承焘《如何评价〈宋诗选注〉》。又《文学评论》1980年第6期转载孟令玲《钱锺书的〈宋诗选注〉》时的"编者按"。转引自《钱锺书杨绛研究资料集》,第365页,第369页。

第三章 沧浪之水（1950—1965）

五种，据说它的选目必须经过所内集体讨论才能决定。① 这样在相当程度上限制了钱锺书独创性的发挥。钱锺书自称："它当时不够趋时，但终免不了也付出趋时的代价。""由于种种缘由，我以为可选的诗往往不能选进去，而我以为不必选的倒选进去了。""在当时学术界的大气压力下，我企图识时务守规矩，而又忍不住自作聪明，稍微别出心裁。结果就像在两个凳子的间隙里坐个落空，或宋代常语所谓'半间不架'。"②

《宋诗选注》的不同版本中，选目有所调整，其中有些调整就是政治性的。例如初版入选的宋代诗人共八十一家，后来的版本中删去了一家左纬。初版入选左纬颇获好评，被认为"开了眼界"③。新版本所以删去左纬，是因为入选的左纬诗是《避贼书事》《避寇即事》。在1949年以后的历史研究中，强调农民起义。此"贼"、"寇"字样，会不会被怀疑是影射呢？索性删去了结。④ 此一删节痕迹，就是当时气候的物证，也是钱锺书所说作者尽可能适应气候的物证。后来的版本删去初版刘攽《蛮请降》、刘克庄《国殇行》、文天祥《安庆府》等，大致也因为诗中的"官军"、"贼"、"蛮"、"枭獍"等字样较为触目。而补入

---

① 王水照、内山精也《关于〈宋诗选注〉的对话》，原载《文史知识》1989年第5期，转引自《钱锺书杨绛研究资料集》，第380页。
② 钱锺书《模糊的铜镜》，原载《随笔》1988年第5期。转引自《钱锺书杨绛研究资料集》，第110页，第111页。
③ 夏承焘《如何评价〈宋诗选注〉》，转引自《钱锺书杨绛研究资料集》，第368页。
④ 钱锺书《致黄任轲》："左纬诗中之'寇'，不知何指，恐惹是非，遂尔删去。胆小如鼠，思之自哂。"此信件承黄任轲先生提供。

的刘攽《雨后池上》等,就是不关涉政治或民族问题的"准风月谈"了。

《宋诗选注》还有些内容难以评论是非,或许也和时代有关。如果把《谈艺录》和《宋诗选注》合读互参,有可以相互启发处,也有一些前后矛盾。最有趣的是陆游,《谈艺录》三十七则"放翁有二痴事二官腔"这样评陆游:

> 放翁诗余所喜诵,而有二痴事:好誉儿,好说梦。儿实庸材,梦太得意,已令人生倦矣。复有二官腔,好谈匡救之略,心性之学;一则矜诞无当,一则酸腐可厌。盖生于韩侂胄、朱元晦之世,立言而外,遂并欲立功立德,亦一时风气也。放翁爱国诗中功名之念,胜于君国之思。铺张排场,危事而易言之。舍临殁二十八字,无多佳什,求如文集《书贾充传后》一篇之平实者少矣。[1]

《宋诗选注》和《谈艺录》不同,这样评陆游:

> 爱国情绪饱和在陆游的整个生命里,洋溢在他的全部作品里。他看到一幅画马,碰见几朵鲜花,听了一声雁唳,喝几杯酒,写几行草书,都会惹起报国仇、雪国耻的心事。血液沸腾起来,而且这股热潮冲出了他的白天清醒生活的边

---

[1] 《谈艺录》补订本,第132页。

第三章 沧浪之水（1950—1965）

界，还泛滥到他的梦境里去。

两种不同的评论，在大方向上，应该说还是有所一致的。《选注》选入陆游诗二十七首，是全书中入选诗数量最多的一家，这和《谈艺录》的"放翁诗余喜诵"可以合起来。《谈艺录》的"临殁二十八字"，即《选注》选入的《示儿》（"死去原知万事空"），也可以相合。《选注》和《谈艺录》对陆游具体评价却截然相反，《选注》的褒词，正是《谈艺录》的贬词。意义接近，褒贬相异，这里的差别应该怎样认识呢？前后思路改变了吗？钱锺书自述，他的文字难读，常常在于他的"半庄半谐"、"滑稽游戏"[1]，或许统一在某种特有的幽默感吧？

《宋诗选注》完成后，钱锺书在六十年代担任了中国科学院编写的《中国文学史》唐宋分册的主编，在"宋代文学"部分工作较多，似乎是《宋诗选注》的延伸。此一部分钱锺书执笔写作了两章：《宋代文学的承前和启后》和《宋代的诗话》。在钱锺书个人的学术生涯中，这两章是《宋诗选注》的补充。《承启》可补充《宋诗选注序》，《诗话》勾勒宋代诗话的源流，标举了三部诗话：张戒《岁寒堂诗话》，主张"言志为本"、"咏物为工"，反对只注意"用事押韵"，实际上是儒家诗论。姜夔《白石道人诗说》，自称三十多条都是南岳一个"长生不老"的"异人"传授的。所谓"理高妙"、"意高妙"、"想高妙"等等，

---

[1] 钱锺书致周振甫信，转引自蔡田明《〈管锥编〉述说》，中国友谊出版公司1991年4月第1版，第92—93页。

强调简约含蓄,当从道家理论而来。严羽《沧浪诗话》"借禅以为喻",重视"妙悟",则与佛说有关。① 三部诗话分别相应儒、道、佛,反映了宋代文化的三个侧面。而于《沧浪诗话》上接陆机《文赋》、刘勰《文心雕龙》,下与清代《随园诗话》联系,则反映了《谈艺录》认识诗话的主要线索,由此也见出作者本人认识诗话的纲要。

钱锺书在六十年代还参与了《唐诗选》初稿的选注和审订。这也是科学院文学所的集体项目,负责人是余冠英。此工作大约在六十年代初开始,1966年完成初稿。《唐诗选》共选诗人一百三十余家,诗六百三十余首,钱锺书选注的有三十人,基本以初唐和中晚唐中小诗人为主,约占四分之一。② 钱锺书在后来的《管锥编》未刊手稿中有对《少陵》《昌黎》《玉溪》诸集的笺释,发挥了对唐诗大家的独到见解。此处以中小诗人为主,似有人弃我取之意。《唐诗选》是集体项目,钱锺书参与的部分虽然为了和集体一致,稍稍删减了书证,但还是在相当程度上体现了钱锺书的风格,往往到眼即辨。唐、宋诗是中国诗歌的大宗,《唐诗选》《宋诗选注》是1949年以后,中国文学研究界整理这两大宗所作出的重要贡献。钱锺书参与了前者,完成了后者,这也是钱锺书的贡献。

---

① 《宋代的诗话》,见中国科学院本《中国文学史》。
② 钱锺书在《唐诗选》中选注的篇目是王绩、王勃、杜审言、刘长卿、钱起、郎士元、李端、张继、韩翃、韦应物、柳中庸、戴叔伦、皎然、卢纶、于鹄、王建、刘禹锡、张祜、雍陶、杜牧、许浑、赵嘏、陆龟蒙、方干、唐彦谦、杜荀鹤、司空图、郑谷、崔涂、张蠙。见《钱锺书著作目录》(续编),《钱锺书研究》第二辑,第348页。

第四章
槎通碧汉 (1966—1978)

一、"衣带渐宽终不悔"

六十年代上半期，中国的政治、经济、文化形势一度有所松动。在1961—1962年间，国家提出了"调整、巩固、充实、提高"的方针，大幅度调整了国民经济；文化领域也相继出现了一批新作品。1962—1964年间，自《宋诗选注》后一直没有发表过重要作品的钱锺书，接连发表了三篇论文：《通感》（1962）、《读〈拉奥孔〉》（1962）、《林纾的翻译》（1964）。这些文章冲破了当时固定的思维模式和语言模式，体现了鲜明的钱锺书风格，使人耳目一新。这也是大时代中的小浪花。然而，这一时期政治、经济、文化形势的松动仅仅是表面上的，根本上的紧张状态丝毫未变，阶级斗争气氛越来越浓，终于逐渐导向了"史无前例"的"文化大革命"。

1965年11月，毛泽东启用姚文元发表文章，评吴晗的新编历史剧《海瑞罢官》，揭开了"文化大革命"的序幕。"文化大革命"的直接目标是打倒党内"走资派"，但是也批判"资产阶级学术权威"，这就和一大批高级知识分子的命运相连了。这场运动也自然而然地波及钱锺书所在的中国科学院哲学社会科学部的文学研究所。钱锺书和所有人一样，被卷入了这场大运动中。在清华以及后来在西南联大，钱锺书夫妇和吴晗曾经是友人①，但是在 1949 年以后，吴晗把相当一部分精力转入了政治活动。他们虽然还一度同住在清华园里，其实已经走着不同的学术道路，思想也有着距离。"文化大革命"的发动是积渐已久，但是这场运动从批判吴晗开始，应该是很多人没有想到的。钱锺书夫妇的反应，现在没有找到记录，他们是否会感到诧异和震动呢？

1966 年 8 月，在科学院哲学社会科学部，钱锺书和杨绛分别被革命群众"揪出"作为"资产阶级学术权威"。随后又公布了今后的待遇：一、不发工资，每月发生活费若干元；二、每天上班后身上挂牌，牌上写明身份和自己招认并经群众审定的罪状；三、组成劳动队，行动听指挥，并由"监管小组"监管。② 这大概是"文化大革命"中"反动学术权威"的共同待遇。劳动队分配给他们的劳动，钱锺书的专职是扫院子，杨绛的专职是扫女厕，他们在这场红卫兵运动中，经历了戴高帽示众，剃"十字头"、"阴阳头"，抄家搜查等一系列侮辱性的冲击，钱锺书夫妇以镇静、从容的态度经受这些冲击，情绪从未低沉、沮丧过，不卑不亢，风度、气质依然故我。③

---

① 杨绛《傅译传记五种·代序》："我们另一位亡友吴晗同志。"
② 杨绛《丙午丁未纪事》，见《将饮茶》，第 142 页。
③ 方丹《我所认识的钱锺书》，原载香港《明报月刊》14 卷 8 期，总 164 期，1979 年 8 月，转引自《钱锺书研究》第二辑，第 339 页。

第四章　槎通碧汉（1966—1978）

运动初期钱锺书也经历过一次危险时刻：有人写大字报诬陷钱锺书轻蔑领袖著作，这罪名在当时大得可怕。杨绛知道消息后，立即和钱锺书写了提供调查线索的小字报，当晚用手电筒照着贴在诬陷人的大字报下面。为此杨绛遭到了专场批斗，但杨绛一口担保钱锺书"绝无此事"，事实终于澄清了诬陷。① 当时的情况是乌云蔽天，但乌云背后还是有着阳光的，阳光不能透过乌云，但乌云再厚密，也不能完全挡住阳光，这就是"乌云的金边"。②

在当时条件下，钱锺书夫妇得到了各种人的帮助，即使在中共上层，也有暗中关心这批"学术权威"的人，比如陶铸就是一个。据说陶铸感到学部如果一天到晚批斗这些上了年纪的"反动学术权威"，那么用不了几个月"七斗八斗"就会斗死，于是就亲自来学部（同来的还有陈伯达等人）作了一次著名的讲话，提出了不要死盯住"反动学术权威"不放，还要抓"根根、须须、爪爪"，于是学部大乱，互相间开始"混战一场"，斗争方向就分散了。③ 这在客观上保护了一大批包括钱锺书夫妇在内的知识分子。

1969 年 11 月，钱锺书作为"先遣队"去河南省罗山县的"五七干校"，不久，"五七干校"迁至淮河边上的河南息县。1970 年 7 月，杨绛也来干校。1971 年 4 月，"五七干校"迁至京

---

① 舒展《杨绛先生素描》，《随笔》1991 年第 6 期。
② 杨绛《丙午丁未纪事》，《将饮茶》，第 181—182 页。"乌云与金边"是此书的副标题。
③ 方丹《我所认识的钱锺书》，《钱锺书研究》第二辑，第 337 页。杨绛《干校六记》，第 72 页。

汉铁路线上的河南明港。中国科学院哲学社会科学部在干校的一个重要任务是搞运动，清查"五一六"分子，干校两年多的生活是在这种批判斗争的气氛中度过的。[①] 钱锺书的女婿王得一也因为被逼交出实际并不存在的"五一六分子"的名单，在杨绛去干校前含冤自杀。钱锺书出发时尚有杨绛、得一、阿圆三人送行，而在杨绛出发时只有阿圆一人了。"文化大革命"中，陈寅恪在广东、吴宓在四川，后来都因为这场运动而死。吴晗夫妇死在运动之中，傅雷夫妇因不能忍受非人的折磨而惨然自杀。1968年，杨绛的妹妹杨必在受到威胁后，不明不白地"在睡梦里去世"。"文化大革命"，搞得多少人家破人亡！

学部下放干校后，原来的各所不称"所"而用部队的词儿称"连"，钱锺书属于文学研究所，杨绛属于外国文学所，他们在干校不属于一个"连"。虽然他们相去不过一小时的路程，也不能随便走动，但是可以有经常的书信来往，休息日还允许探亲，也算是同在一处了。钱锺书在干校的工作最初是烧锅炉，后来改为白天看管工具，晚上巡夜，而专职是通信员。一代大学问家在干校送信，在那种场合已经算是"美差"了，也许还能算作特殊照顾。[②] 钱锺书在送信的路上经过杨绛的菜园，两人就在相遇时说几句话。杨绛的记述极为生动：

> 班长派我看菜园是照顾我，因为默存的宿舍就在砖窑以

[①] 钱锺书《干校六记》序。
[②] 黄裳《关于〈管锥编〉的作者》，见《榆下说书》，第301页。

第四章　槎通碧汉（1966—1978）

北不远，只不过十多分钟的路。默存是看守工具的。我的班长常叫我去借工具，借了当然还要还。同伙都笑嘻嘻地看我兴冲冲走去走回，借了又还。默存看守工具只管登记，巡夜也和别人轮值，他的专职是通信员，每天下午到村上邮电所去领取报纸、信件、包裹等回连分发。邮电所在我们菜园的东南。默存每天沿着我们菜地东边的小溪迤逦往南又往东去。他有时绕道菜地来看我，我们大伙儿就停工欢迎。可是他不敢耽搁时间，也不愿常来打搅。我和阿香一同留守菜园的时候，阿香会忽然推我说："瞧！瞧！谁来了！"默存从邮电所拿了邮件，正迎着我们的菜地走来。我们三人就隔着小溪呼应一下，问答几句。我一人守园的时候，发现小溪干涸，可一跃而过，默存可由我们的菜地过溪往邮电所去，不必绕道。这样，我们老夫妇就经常可在菜园相会，远胜于旧小说、戏剧里后花园私相会的情人了。[①]

这就是钱锺书、杨绛夫妇在任何时候、任何条件下都难以磨灭的乐观精神，至老不变。干校的生活，其实是不堪回首的。它的背后，有的是触目惊心的事实。来干校的人，甚至不知道此生是不是能再回北京。在杨绛质朴无华的讲述里洋溢着的生活情趣，终究离不开这些大背景、大故事，这也是《干校六记》和《浮生六记》——一部钱锺书不很喜欢的书——的截然不同之

[①] 杨绛《干校六记》，三联书店1982年12月版，第28—29页。

处,"世外桃源"毕竟是不存在的。在干校后期,钱锺书和杨绛对自己当年回国的选择,有过一次回顾。杨绛写道:

> 我想到解放前夕,许多人惶惶然往国外跑,我们俩为什么有好几条路都不肯走呢?思想进步吗?觉悟高吗?默存常引柳永的词:"衣带渐宽终不悔,为伊消得人憔悴。"我们只是舍不得祖国,撇不下"伊"——也就是"咱们"或"我们"。尽管亿万"咱们"或"我们"中人素不相识,终归同属一体,痛痒相关,息息相连,都是甩不开的自己的一部分。[1]

前面已经说过,钱锺书在1949年前后最终没有出国,其实有着多种原因,杨绛所说,仅仅是一个方面,却是重要的方面。故土故乡对他们的吸引,毕竟是持久而有力的。这里的生存环境不一定完全适宜,但是种种的经历,依然能够滋养出深厚的学者。如果当初没有留在故土故乡,钱锺书的学术成就也可能另成格局。在这样的困难时期,是总结自己一生道路的时候了。在这一时期,钱锺书已经准备写作《管锥编》,他要营造一座自己心目中的巴别塔——通天塔了。

杨绛问钱锺书:"你悔不悔当初留下不走?"

---

[1] 杨绛《干校六记》,三联书店1982年12月版,第73—74页。

第四章 槎通碧汉（1966—1978）

钱锺书答："时光倒流，我还是照老样。"①

干校后期，自迁往明港后，条件已然改善，空气也不那么紧张了。钱锺书下放时带的字典、笔记本、碑帖等都可以拿出来阅读，而北京的女儿阿圆也源源不断寄来食物和各种外文报刊，同伴们也暗中流通着各种书籍。所谓"暗中"，指读这类书时手边还得准备一本小册子或者党刊《红旗》，以便有情况可作掩护。钱锺书、杨绛这时向同伴借阅的书籍中有英国作家狄更斯的 *David Cooperfield*（《大卫·科波菲尔》），此书被读后，充满了钱、杨两位用铅笔所做的"？"、"×"、"√"、"！"等各种批注。② 这些批注中有过"见黑本"的字样，"黑本"当指钱锺书那无所不包的笔记本，《管锥编》有许多内容由此而来。③

1972年3月，钱锺书和杨绛作为第二批"老弱病残"人员，一同回到了北京。他们的回京和第一批一样，据说也是周恩来的意思。周恩来调钱锺书参加毛泽东诗词的英译工作，主要目的是怕他下放干校受折磨而死。④ 干校第一批"老弱病残"人员因周恩来的特别关照于1971年1月回北京，其成员有俞平伯夫妇、何其芳、吴世昌等十人。这批回京人员的名单上原来也有钱锺

---

① 杨绛《干校六记》，三联书店1982年12月版，第74页。
② 李文俊戏仿《干校六记》，写了一篇《同伙记趣》，记载了这些批注。见《文汇读书周报》，1992年2月1日。
③ 笔者于1991年曾有幸见及"黑本"，这是极为珍贵的手稿。
④ 方丹《我所认识的钱锺书》，原载香港《明报月刊》14卷8期，总164期，1979年8月，转引自《钱锺书研究》第二辑，第342页。

书，可能由于"文革"初期被整的"黑材料"，终于没有成行。俞平伯回京后，在日记中写了一句感慨的话："居然平安返京矣！"原来，他当时早已有了老死他乡的准备，能平安返京，对他来说实属意外。① 干校回京人员的心态，由此可见一斑。钱锺书回京后，立刻集中精力撰写毕生巨著《管锥编》。在相当长的一段时间内，他在镇日闭户无人打扰的情况下，埋头写作，真是天赐良机。② 但是，一部巨著的产生要完全顺利，几乎是不可能的，"闲居无事"终究还是相对的。钱锺书写作《管锥编》经历了种种磨难，他以惊人的毅力克服了外来的阻力。

首先，钱锺书写作《管锥编》期间，还是有着其他工作的，这就是参加毛泽东诗词的英译。在"文化大革命"前，钱锺书是毛泽东诗词英译小组的成员之一。"文革"到来后，小组诸人均受冲击，工作停顿了下来。1974年秋，毛泽东诗词英译小组正式恢复工作，经过多次推敲，《毛泽东诗词》英译本在1976年"五一"前，终于定稿出版。钱锺书作为小组中的诗学专家，对译本的完成应该是有贡献的。③ 外文出版社的英译本事实上成了该社接着出版的法、德、意、日、西、世界语等多种译本的蓝本。钱锺书通晓多种语言，是否对其他译本有所参与？今尚不知。但这些译本中，德译本是钱锺书翻译的，参与翻译的据说还

---

① 韦奈《我的外祖父俞平伯》，《光明日报》1992年4月4日。
② 郑朝宗《怀旧》，《海滨感旧集》，第55页。
③ 叶君健《毛泽东诗词的翻译——一个回忆》，《中国翻译》1991年第4期。

第四章　槎通碧汉（1966—1978）

有胡乔木。① 翻译《毛泽东诗词》在当时有着政治背景，并不仅仅涉及翻译的技术。传说江青曾经试图插手此项工作，回避这类干扰仍然需要识见和定力。钱锺书早年曾经赞赏吴宓《空轩》诗第一首"未甘术取任缘差"，以为未经人道②，此时再次深深体味诗中意境。在江青等"四人帮"横行的后期，钱锺书曾不止一次地拒赴"国宴"。③

其次，还有来自生活甚至生命的干扰。钱锺书回京后，原来的房子进驻了"造反派"，那位"造反派"也曾是研究人员，后来以研究鲁迅著称。这位年轻人并不懂得尊重老人，甚至还动手打人，据说钱锺书坚决还击！在冲突中，钱锺书的胳膊被打伤。这件事当时流传很广，连"造反派"也敬重他三分，认为"老头儿"有骨气！④ 强邻终难相处，钱氏夫妇不得已暂居一间办公室，从1972年至1975年，他们在这里整整住了三年。在此期间，钱锺书因感冒引起喘病，喷氧四小时才抢救脱险。此后因大脑皮层缺氧，虽然头脑完全清晰，但反应失常，手脚口舌都不灵便，状如中风。杨绛竭尽全力，予以精心护理，将近一年才恢复正常。⑤ 杨绛的头发，也就是从这时开始，慢慢变白了。⑥

---

① 此事承刘永翔先生相告。
② 钱锺书《北游纪事诗廿一首》之十一《题雨僧师〈空轩〉诗后》自注："余最爱其'未甘术取任缘差'一语，未经人道。"见《国风》半月刊第四卷第十一期，1934年1月。
③ 黄裳《在三里河》，见《花步集》，花城出版社1982年5月版，第206页。
④ 方丹《我所认识的钱锺书》，原载香港《明报月刊》14卷8期，总164期，1979年8月，转引自《钱锺书研究》第二辑，第339页。
⑤ 杨绛《丙午丁未纪事》，见《将饮茶》，第180—181页。
⑥ 黄裳《在三里河》，见《花步集》，花城出版社1982年5月版，第206页。

钱锺书的这场疾病，其实相当危险。1973年前后，欧美、日本、港台等地流传他去世的消息，并引起一阵悼念活动（钱锺书本人后来戏称"说凶就是吉"），实际也是由此而来。① 国内友人也高度关心钱氏的安危。② 1976年唐山大地震，北京也受波及，在这次大震前后，钱氏夫妇搬入了聚集着国内许多高级知识分子的三里河新居，得到了从事写作的安静住所。

钱锺书遭遇种种困难，也得到种种便利。钱锺书夫妇临时居住的那间房，在北京俗语中是兼供"吃喝拉撒"的，听来是十足的陋室，但在那里，钱锺书无论在生活上和工作上都得到单位里年轻人的许多帮助。钱锺书写作，经常要核对原书。不论中文外文书籍，他要什么书，什么书就应声而来。如果是文学所和外文所都没有的书，有人就会到北大图书馆和北京图书馆去借。而钱锺书得到来自杨绛无微不至的照顾和支持，更是渡过难关的极大助力。在"文化大革命"后期，伴随着钱锺书在思想上和学术上的高度成熟，经过长期酝酿积累的《管锥编》在思想上和学术上也已然成熟。外在的条件已经不能遏制住它，它的出现已然是不可避免了。

钱锺书在干校期间，已经开始整理历年来的读书笔记。他那部学术巨著《管锥编》，不少是在干校大集体宿舍的个人蚊帐里铢积寸累的。③ 从干校回京后，《管锥编》正式开始写作。在钱

---

① 钱锺书《〈围城〉日译本序》，夏志清《追念钱锺书先生》。
② 徐燕谋《徐燕谋诗草·编余集》"闻中书君一病几殆诗以代简"。
③ 朱寨《俞平老的书生气》，《随笔》1991年第6期。

第四章 槎通碧汉(1966—1978)

氏夫妇避居办公室期间,杨绛由一位青年帮助,回家从尘堆里清理出五麻袋笔记本。[①] 这些多年来的笔记本就是《管锥编》的素材。1972年8月,钱锺书写了《管锥编序》:

> 瞥观疏记,识小积多。学焉未能,老之已至!遂料简其较易理董者,锥指管窥,先成一辑。假吾岁月,尚欲赓扬。又于西方典籍,褚小有怀,绠短试汲,颇尝评泊考镜,原以西文属草,亦思写定,聊当外篇。敝帚之享,野芹之献,其资于用也,能如豕苓桔梗乎哉? 或庶几比木屑竹头尔。命笔之时,数请益于周君振甫,小叩则发大鸣,实归不负虚往,良朋嘉惠,并志简端。

这篇序是钱锺书总结自己思想和学术的文字,也是《管锥编》初步成形的标志。它兼顾东西文化,写出了自己的治学志向,和早年的《谈艺录序》遥相呼应,构成了认识钱锺书主要学术成就的入手处。

在写作《管锥编》期间,钱锺书一度身患重病。病愈以后,为了"跟死亡赛跑"[②],全力以赴,完成此书。1975年前后,《管锥编》初稿完成,此后又加以修改。即使在唐山大地震之时,写

[①] 杨绛《丙午丁未纪事》,见《将饮茶》,第180页。
[②] 马蓉《初读〈管锥编〉》,《读书》1980年第3期。

作也没有停止,友人称之为"养气"功夫。① 1978 年 1 月,钱锺书完成《管锥编》初辑,写了"又记":

> 初计此辑尚有论《全唐文》等书五种,而多病意倦,不能急就。已写定各卷中偶道及"参观"语,存而未削,聊为异日之券。

这是《管锥编》初辑定稿完成的标志。这位中西兼通的一代"大儒"终于完成了这部百余万字的巨著,初步完成了他此生最想完成的工作。

《管锥编》包含着作者思想、情感和想象,是一部贯通古今中外的奇书。它是一座庞大复杂的迷宫,也是一座包含中、英、法、德、意各种文字耸耸然有秩序的巴别(Babel)塔[2]。完成了此书,钱锺书终生无悔了。

---

[1] 《徐燕谋诗草·编余集》"得中书君书知巨震中无恙":"处变犹能细字书,喜君养气见功夫。"

[2] 黄维樑《与钱锺书论比喻》,《钱锺书研究》第二辑,第 121 页。

二、天禄琳琅（上）
——《管锥编》四种文献结构

《管锥编》的完成，形成了钱锺书著作系统的重心。这一系统以《管锥编》和以西文属草的《感觉·观念·思想》的配合为基础，有极丰富的内容。《管锥编》以《感觉·观念·思想》为外编，两书之间，应当以《管锥编》为主。这是一部凝聚了钱锺书三十年心血的巨著，它的完成，使作者进入了一个新的境界。如果说，钱锺书早年的《围城》《谈艺录》大致相当于"三十而立"的话，那么，他晚年的《管锥编》已经接近"七十而从心所欲不逾矩"了。

《管锥编》有着与早年的《谈艺录》完全不同的胸襟和视界。《谈艺录》从论"诗分唐宋"开始，从唐李贺、宋黄庭坚历述而下，直至清袁枚以及近代的龚自珍、王国维，论述基本范围在宋至清。《管锥编》的论述依托于十部书，从论"易之三名"开始，由《周易》《毛诗》《左传》历述而下，直至《全上古三代秦汉三国六朝文》，论述基本范围在先秦至唐。先秦至唐和宋至近代,为《管锥编》和《谈艺录》在时代上的基本分界,读此二书首当明确。而以基本性质论,《谈艺录》可归属于"诗话",而《管锥编》则是一部贯通文史哲的著作,其性质"诗话"已不能限。尤其是《管锥编》所依托的十部书,横贯经史子集,气魄宏大,已寓有对中国文化的整体批判之意。从《谈艺录》到《管锥编》,最大的进步就在于这十部书,它把散乱的文句在一定程度上上升到了文化思想。评论《谈艺录》,或者还可以用评论诗话的方法为主,而评论《管锥编》,用文化批判的方法也许更为恰当。

本书理解《管锥编》的文献结构,即从理解这十部书组成的文献结构入手,进而以外编《感觉·观念·思想》为鉴,理解《管锥编》内含的西方著作的文献结构,进而分析《管锥编》内含的佛教著作的文献结构和道教著作的文献结构。以四种文献结构,见出《管锥编》所内含的整体文化批判之意。

《管锥编》是钱锺书总结一生所学的一部大书,评论范围为文史哲,征引典籍为古今中外,据说涉及的作者达四千人,典籍近万种。[①] 四种文献结构把这近万种典籍统领起来了。四种文献结构相应四种不同的文化,四种文化各含不同的深刻思想。将这四种文化的若干方面加以比较,是《管锥编》所做的工作之一,如果对四种文化的根本处加以比较,会有极深刻内容显示出来,

---

[①] 据陆文虎估计,见郑朝宗编《管锥编研究论文集》,第267页。一说征引典籍达五千余种,何开四估计,见第104页。其中西方学者和作家多达千人左右,著作一千七八百种,敏泽估计,见《序》。

也就是《管锥编》"管窥锥指"所指向的"天地"。理解四种文献结构,可以从理解《管锥编》论述的十部书入手。这十部书开列如下:

《周易》《毛诗》《左传》《史记》(以上第一册)
《老子》《列子》《易林》《楚辞》《太平广记》(以上第二册)
《全上古三代秦汉三国六朝文》(以上第三册、第四册)。

以上所列各书,虽寥寥十部,却是《管锥编》的结构所在。认识这十部书,可以注意以下几个要点:

一、十部书遍及传统分类的经史子集四部,其中《周易》《毛诗》《左传》归属经;《史记》归属史;《老子》《列子》《易林》归属子;《楚辞》《太平广记》《全上古三代秦汉三国六朝文》归属集。《管锥编》选择这十部书为展开论述的文献依托,说明了全书征引的近万种书籍的归宿。这十部书是对经史子集四部的全面相应,也是《管锥编》对中国文化整体内容的相应。

二、十部书于经史子集四部,每部均已抓住其首。其中《周易》为经部之首,《史记》为史部之首,《老子》实质上是子部之首,《楚辞》为集部之首。四部卷帙浩大,经部有历代经注,史部有二十四史,子部有诸子百家,集部有大量总集、别集

（《四库全书》共收入3461种书，凡79309卷）。[1]如果要真正理解四部整体，仅仅停留在其中任何一书都只能是枝叶。必须由枝叶而渐渐寻向主干，再由主干渐渐寻向根本，然后才能反向，由根本到主干，由主干到枝叶。最后将信息集中于四部之首，打破四部以获得真正的理解，乃见天地自然之象。《管锥编》抓住四部之首，是对四部内容的提纲挈领。

三、十部书中的四部之首相应四部的根本，十部书的贯穿相应四部的主干。十书相合于四部，首先是经部三书，《周易》为哲学，《毛诗》为文学，《左传》为史学。经部选择三书，象征文史哲三大内容的贯通。这既是《管锥编》内容的说明，也是作者一生的治学方向和最高成就。经部三书可贯彻其他三部七书，《周易》可相合《老子》《列子》《易林》当哲学。如果合于中国文化本身的发展状况，《周易》和《易林》的结合，属"易学史"系统，《周易》和《老子》《列子》结合，属"道教史"系统，正是中国文化发展的两条重要主线。《左传》和《史记》相合，当史学。《左传》为编年体，《史记》为纪传体，可代表中国传统史书的两大体裁。《左传》下有《资治通鉴》《续通鉴》《明通鉴》等，《史记》下形成二十四史，故此二书已反映出中国传统史学的基本面貌。《毛诗》和《楚辞》《太平广记》《全上古秦汉三国六朝文》相合，当文学。其中《毛诗》和《楚辞》属先秦，《毛诗》可代表中国北方文化和文学，《楚辞》可

---

[1] 四部分类始于荀勖，《隋书·经籍志》采用之，至《四库全书》（乾隆三十七年1772—乾隆四十七年1782）集大成。

第四章 槎通碧汉（1966—1978）

代表中国南方文化和文学。《毛诗》和《楚辞》所代表的南北两大文学的分别与合流，显示先秦和先秦以后文学发展的总纲。《毛诗》古典，《楚辞》浪漫，又显示两种重要的文学趋向。《太平广记》和《全上古秦汉三国六朝文》上源也达先秦，但其中比较可靠的内容大致在汉至唐（补《全唐文》），这一段时间有西域佛教文化的不断输入，故此二书反映汉唐之间近千年文化和文学的种种发展变化。又集部三书，《楚辞》是诗，《太平广记》是小说，《全上古三代秦汉三国六朝文》是散文，正是钱锺书一生参与创作的三种文学样式。故经、集二部相合，也可作为钱锺书著作系统的象征。《管锥编》包含以上种种内容，并试图把它们贯穿起来。

《管锥编》是一部尚未完成的书，已论述的十部书还是初步的纲要，十部书之外还有续辑。《管锥编》写于1972年的自序一述及这一志愿："遂料简其较易理董者，锥指管窥，先成一辑，假吾岁月，尚欲赓扬。"以后写于1978年的自序二又述及此事："计此辑尚有论《全唐文》等五种，而多病意倦，不能急就。已写定各卷中偶道及'参观'语，存而未削，聊为异日之券。"自序一没有提到续辑所论为哪几种书，自序二虽提到五种，但也只说到其中一种《全唐文》。在作者其时致友人郑朝宗的信中，透露了续辑准备论述的书也是十种，并写出了其中七种书的书名。它们是：

《全唐文》《少陵》《玉溪》《昌黎》《简斋》《庄子》

《礼记》等十种。①

作者在信中对"续辑"十种只提到了其中七种,另有三种不知其名。尽管只有七种,"续辑"的基本范围和整体形象仍然已经显出,可以作为"初辑"的补充,构成《管锥编》可能有的文献结构,也是作者一生治学的最后所得。

今将初辑、续辑相合后所得的文献结构作为四种文献结构中的第一种,列表如下:

	经部	史部	子部	集部	
				·总集·	·别集·
初辑	《周易》《左传》《毛诗》	《史记》	《老子》《列子》《易林》	《楚辞》《太平广记》《全上古三代秦汉三国六朝文》	
续辑	《礼记》		《庄子》	《全唐文》	《少陵》《玉溪》《昌黎》《简斋》

钱锺书在致友人信中提到拟将十种书"另为一编",自序二仅称"此辑",思路略有差异。差异的关键是在文献结构的分量上:如果续辑为《全唐文》等五种,那是初辑《全上古三代秦汉三国六朝文》在时间上的自然往下延续,那就是"此辑"了。如果续辑以《礼记》《庄子》统率《全唐文》五种,那就足以和

---

① 郑朝宗《〈管锥编〉作者的自白》,《海滨感旧集》,第124页。

第四章　槎通碧汉（1966—1978）

初辑并列，"另为一辑"了。续辑七种书确实重要，如果和初辑合观，描述四部已有题无胜义之感。

在传统学术中，经部之要在六经，六经两端为《易》《春秋》，《易》理而《春秋》事。《管锥编》已论述《易》，《春秋》则化入《左传》。其余四经为《诗》《书》《礼》《乐》，四经关系为《诗》合《乐》、《书》合《礼》，又《诗》《书》为言而《礼》《乐》为行。因《乐》已亡佚，而《礼记》保存了《乐记》一篇，则《毛诗》相合《礼记》，已合《诗》《书》《礼》《乐》的主要内容。故《管锥编》续辑虽然仅补《礼记》一种，而从四部学术的角度观之，已用独特的方式贯通了六经。史部未补；子部补入《庄子》，和初辑《老子》《列子》相合，已得魏晋玄学之要，也是《管锥编》认识道家文化的基本角度。集部补五种，其中总集一种：《全唐文》，相承初辑的《全上古三代秦汉三国六朝文》；别集四种：《少陵》《玉溪》《昌黎》《简斋》，相承《楚辞》。总集总论一代，别集分观各家。其中少陵为唐后诗之祖，昌黎为唐后文之祖。又以文入诗，少陵、昌黎相合，为宋诗的根本。《玉溪》《简斋》是唐宋两大重要诗家，也是钱锺书《槐聚诗存》取法的诸家中重要的两家。[①] 其中《玉溪》中有一段已收入周振甫的《诗词例话》，可参观。《管锥编》续辑是一本重要著作，我们祝愿它早日出版。

[①] 钱锺书对自己诗取法的自述，见吴忠匡《记钱锺书先生》，《钱锺书杨绛研究资料集》，第78—79页。参观黄裳《珠还记幸》："默存先生早年的诗带有浓厚的玉溪生风味，而杨绛先生写的是陈简斋诗。"

《管锥编》初辑和续辑所依托的文献结构，代表了作者从四部分类的角度对中国文化的整体认识。那么直接用西文写作的《管锥编》外编《感觉·观念·思想》，如果理清它所依托的文献结构，那么也可代表作者对西方文化的整体认识。对于这部著作，《管锥编》自序一中也有预告："又于西方典籍，裒小有怀，缏短试汲，颇尝评泊考镜，原以西文属草，亦思写定，聊当外编。"以中国文字评论中国典籍，以西方文字评论西方典籍，四美具，二难并，这既是作者特殊的才能，也是作者的自信和气概。

《感觉·观念·思想》和《管锥编》平行，评论十个西方作家和其作品。此书目前未刊，根据有关资料，可以得知十个作家中的三个：但丁、蒙田、莎士比亚。因此，十部作品中有三部作品也可相应推知：但丁的《神曲》，蒙田的随笔和莎士比亚的戏剧。这些作家都跟文艺复兴有关，可以推知《感觉·观念·思想》论述范围主要在文艺复兴时期欧洲各国有根本性影响的作家作品，以此上承希腊罗马中世纪、下经十七、十八世纪以至十九、二十世纪，见出西方文化发展的整体。但丁、蒙田、莎士比亚既是《感觉·观念·思想》论述的作家，也是《管锥编》征引最多的几位西方作家之一，由此可以见出两部著作互为内外编，存在密切关系。由于《感觉·观念·思想》目前尚未刊行，此处试以已知的三位作家为鉴，参照《管锥编》征引的频繁程度，历史上的重要性质，在《管锥编》征引的典籍中进行整理，列出典籍书目作为《管锥编》第二种文献结构，以大致推断《感觉·观念·思想》征引文献的选择范围。

第四章 槎通碧汉（1966—1978）

由于《感觉·观念·思想》以文艺复兴作为划时代的界限，则于文艺复兴以前的希腊、罗马、中世纪列出十种典型为前导，于文艺复兴后至现代列出十种典籍为后续，前后相继，可显示《管锥编》所涉及的西方文化和文学发展的脉络和主线。《管锥编》引用的西方学者和作家多达千人左右，著作达一千七百余种①，《感觉·观念·思想》应当更多。希望这前后二十种西方典籍能够吸收并反映《管锥编》近两千种著作的主要信息，成为理解《管锥编》有关西方文化内容的帮助。而《管锥编》和《感觉·观念·思想》作为内外编如何相应，等待《感觉·观念·思想》刊行后，再作补充性修正。

先列希腊、罗马、中世纪部分的典籍。每部典籍后括号中标出的数字，是《管锥编》引用此书的页码，这些页码为笔者读书时的摘录，并不完全，仅供有兴趣者参考。② 今试列第二种文献结构的前十种典籍书目：

希腊·罗马·中世纪

	古代著作	哲　　学	传记资料	专　集
希腊	《伊里亚特》《奥德赛》	《前苏格拉底哲学残篇》《柏拉图对话集》《亚里士多德著作集》		
罗马	《圣经》		《著名哲学家列传》《希腊罗马名人传》	《九章集》《忏悔录》

① 敏泽估计，见138页注。
② 陆文虎编有《管锥编谈艺录索引》，可参考，中华书局，1990年3月版。

欧洲文化起源于希腊。荷马史诗（二种）《伊里亚特》（*The Iliad*, 211, 631, etc.）、《奥德赛》（*Odyssey*, 239, 297, 311, etc.）为希腊最早的典籍，文化的源头，首列于此。荷马史诗之后，前苏格拉底哲学（泰勒斯、毕达哥拉斯、赫拉克利特、巴门尼德斯、德谟克利特等）是希腊哲学的精华，列《前苏格拉底哲学残篇》资料（一种）。*Diels und Kranz: Die Fragmente der Vorsokratiker*, 简称 D. K.，有 K. Freeman 的部分英译，*Ancilla to the Pre-socratic Philosophers*。中文此部分内容可参看《古希腊罗马哲学》（北大哲学系外国哲学史教研室编译，商务印书馆，1961年版）。《管锥编》对这一阶段的作家，征引希波克拉底与赫拉克利特残篇的辑本（*Fragments: in Hippocrates and Heracleitus*, 7, 237, 933），而柏拉图、亚里士多德集大成，《管锥编》征引《柏拉图全集》（*Oeuvres Complètes de Ploton*），包括《理想国》《法律篇》《蒂迈欧篇》等名篇（209, 227, 237, 273, 447, 899, 1539, etc.），《谈艺录》并征引其书信（*Thirteen Epistles of Plato*, 补订本 312 页）。征引亚里士多德为《亚里士多德著作集》（*Basic Works of Aristotle*），包括《物理学》《形而上学》《政治学》《尼各马可伦理学》《工具论》《修辞学》《诗学》等名篇（19, 209, 315, 347, 415, 419, 491, 612, 863, 917, 945, 1093, 1121, 1189）。

承袭希腊的罗马文化，可注意两种传记著作，其中普鲁塔克一种，主要成就在史学和文学；第欧根尼·拉尔修一种，主要成就在哲学，二人均为公元1、2世纪时人（二种）。普鲁塔克

第四章　槎通碧汉（1966—1978）

《对比列传》(*Parallel Lives*, 11 vols, Loeb)，又译《希腊罗马名人传》(189，321，341，861，927)，可参阅同一作者《道德论集》(*Moralia*, 16 vols, Loeb, 43, 147, 219, 493, 571, 651, 927)。第欧根尼·拉尔修《著名哲学家列传》(*Lives of Eminent Philosophers*, 2 vols, 13, 43, 53, 449, 479, 551, 867, 1163, 1313, etc.)，《管锥编》引述希腊哲学家的言论行事，往往征引此书，可与前列 D. K. 互相参证。

罗马文化已接触基督教。基督教根本典籍为《圣经》，其中《旧约》共39篇，《新约》共27篇，总计66篇，《管锥编》引述颇多（*Bible*, 53, 149, 183, 197, 247, 269, 449, 546, 1003, 1017, 1261）。基督教在公元1世纪兴起，造成希腊和希伯来文化的结合，对整个欧洲文化有经久不息的影响。

其后为普罗提诺（205—270）主要著作《九章集》(*Enneades*, 7, 125, 337, 411, etc.) 和圣奥古斯丁（354—430）主要著作《忏悔录》(*Confessions*, 2 vols, 7, 427, 451, 493, 611, etc., 又 *The City of God*, 19)，完成希腊、罗马向基督教中世纪的转折。普罗提诺影响基督教神秘主义，《谈艺录》称他为"彼土之庄子"（272页）。圣奥古斯丁被称为"基督教之父"，影响整个中世纪并远及近代哲学。《谈艺录》补订本以近代哲学始祖笛卡尔上接圣奥古斯丁，称其思想渊源于中世纪哲学不浅，尤得圣奥古斯丁心印（348页）。

以上希腊·罗马·中世纪为文献结构的前段。文献结构的后段始于14至16世纪文艺复兴，延续至今。《感觉·观念·思想》

论述的十作家，已知的三人是但丁（1265—1321）、蒙田（1533—1592）、莎士比亚（1564—1616）。但丁为意大利人，蒙田为法国人，莎士比亚为英国人，可知此书论述范围并不限于某一具体国家。由于作者精通英、法、德、意、西班牙、拉丁六种文字，今以拉丁文归属罗马，其他五种文字，每种文字列出两位作家，以探求《感觉·观念·思想》引据文献的大要。尝试列出十种典籍书目：

文艺复兴·17~19世纪

意大利	英　国	法国	德国	西班牙和其他
《神曲》	《莎士比亚戏剧集》	《随笔》	《浮士德》	《唐·吉诃德》
《十日谈》	《失乐园》	?	?	?

意大利已有但丁《神曲》（*La Divina Commedia*，125，447，573，617，619，647，777，827，1061，1319，1343，1427），拟补薄伽丘《十日谈》（*Il Decameron*，157，225，713，827，1001）。法国已知蒙田《随笔》（*Essais*，51，185，227，333，455，915，1071，1159，1341），拟补付阙。英国已知莎士比亚《戏剧集》（35，73，85，101，113，121，199，209，245，265，267，345，379，387，425，485，547，617，827，885，887，952，949，1017，1033，1039，1045，1187，1247，1303，1587），拟补密尔顿《失乐园》（*Paradise Lost*，91，147，206，269，647，767，783，1027，1319，1349）。德国拟补歌德《浮士德》（*Faust*，9，141，331，521，563，583，775，etc.），另一拟补付阙。西班牙

第四章　槎通碧汉（1966—1978）

和其他国家拟补塞万提斯《堂·吉诃德》（*Don Quijote*，69，239，241，861，1045，1047，1139，1155，1265，1343，1433，1465），另一拟补付阙。

以上列出尝试性典籍书目已达七种，尚缺其三，此处不再推断，等《感觉·观念·思想》出版时再行补正。

此外，《管锥编》征引较多的西方作家作品尚有：意大利如马基雅维利（19，189，1007，1541，etc.）、列奥帕迪（131，139，147，869，879，1035，1157，etc.）等。法国如巴斯卡尔（*Pensées*，131，515，961，1135）、孟德斯鸠（*De l'esprit des lois*，21，169，1035，etc.）等。英国：史学以吉朋的《罗马帝国衰亡史》为启蒙时期欧洲史学的代表作品，《管锥编》征引较多（*Decline and Fall of the Roman Empire*，19，195，1009，1341，etc.）；文学于小说可以用菲尔丁《汤姆·琼斯》为例（241，877，etc.），《围城》受其影响。诗人不胜枚举，于现代引至艾略特（T. S. Eliot，《管》628页引征"事物当对"，《谈》232页引征"以官感领会义理"）和奥顿（W. H. Auden，31，65，etc.）。德国引述亦极多，略举数例：基督教神秘主义学者艾克哈特大师（Meister Eckhart，1260—1328），此人时代和但丁接近，对德国的新教主义、浪漫主义文学、唯心主义哲学及后来的存在主义都有很大影响（《管》219，525，《谈》366—367页）。文艺复兴时期德国宗教改革领袖马丁·路德（Martin Luther，1483—1546，145，650，1542），文学于歌德之外（Eckermann，*Gespräche mit Goethe*，3，523，1053，1059，1253，1301），尚有席勒（4，131，197，371，455，911，917，1163），哲学以康德（1724—1804）为转折的枢纽（《管》3，329，317，507，1355，《谈》325，439），其前有莱布尼兹（51，265，1057，1083），其后一系发展至黑格尔（3，45，135，167，199，237，251，461，475，903，1089，1099，1471，1507）和费尔巴哈（21，24，73，677），一系发展至叔本华（《管》63，129，477，1253，1361，《谈》349）和尼采（13，23，491，567，941，1335，1351）。此两系前者属比较纯粹的希腊日耳曼哲学系统，后者已受到若干东方哲学的影响。《管锥编》以中国哲学的"易之三名"和德国古典哲学的"奥伏赫变"（Aufheben）的比较开场，是作者为全书找到沟通希腊日耳曼哲学系统和已吸收印度文化在内的中国哲学系统的契合点，《管锥编》全书所内含的文化和文学内容均与此有关，宜视为读解此书的入口处。此外，德国马克思、恩格斯的著作（21，225，265，1541）和奥地利心理学家弗洛伊德的著作（19，147，297，489，491，577，667，939，1059，1143）也为《管锥编》所征引。征引马克思、恩格斯重视其破除宗教迷信，征引弗洛伊德重视其对人的理解。《管锥编》征引其他地区的著作尚有荷兰斯宾诺莎的《伦理学》（*Ethics*，5，43，51，989，etc.）；东方著作有印度的《奥义书》（《管》527，《谈》278，280）；阿拉伯的《一千零一夜》（*Thousand Nights and One Night*，381，513，679，879）。

以上我们借助推测《感觉·观念·思想》一书的文献结构，阐明了《管锥编》引征西方典籍的大要，这就是《管锥编》的第二种文献结构。在文艺复兴的前后两段文献之间，值得注意的是各种典籍间的贯通脉络和西方精神世界生生不息的发展。《管锥编》和《感觉·观念·思想》的两种文献结构，反映作者对中国文化和西方文化的整体认识。然而《管锥编》的中西文化内容，并不止上述二种文献结构。《管锥编》采用的文献结构源于四部，四部分类的思想角度在儒家。然而中国文化除儒家外，还有道家，西方文化除欧美外，还有印度。

《谈艺录》自序称"颇采二西之书，以供三隅之反"。"二西"一指欧美文明，最初主要从东南水路传入，西指西洋，又称"耶稣之西"；一指印度文明，最初主要从西北陆路传入，西指西域，又称"释迦之西"。"二西"的名称起于明代，参见《管锥编》的考证（《太平广记》卷38则《鸠摩罗什》，681页）。理解古代文化，除西方的欧洲、印度二种外，还有中国的儒、道二种。《管锥编》所征引的不是印度文化本身，主要为汉译佛典（《管》征引的汉译佛典外的印度典籍，仅《东方圣书》中的《奥义书》二例，参阅《谈》278，280），实质上是已为中国文化所吸收的印度佛教文化。如此则"二西"本质上还是一西，而"中"实分为三。欧洲文化大约在明末进入，而中国三教合一的思想也大致在明末完成。这两种文化如何互相认识，可以说是数百年间中国文化发展的根本性内容之一。所以《管锥编》的文献结构不止二种，实际上有四种。今仍以《管锥编》征引的典籍为限，先列出汉译佛典的文献结构，作为读《管锥编》的辅助。

汉译佛典的传译，相传由迦叶摩腾与竺法兰于东汉明帝永平十年（67）合译《四十二章经》开始，此后陆续译经，陆续传播。至宋太祖开宝七年（974）开雕北宋敕版大藏经，也就是中国第一部雕版大藏经，中国佛教发生了革命性的进步。此藏的编成，对内容的分类，有依据智升《开元释教录》（503页）之处。各种藏经往往有不同的分类，反映不同的思想，涉及不同的判教。《管锥编》首则引及天台智者大师的《法华玄义》，以证"易之三名"，今以完成天台宗"五时判教"思想的明末智旭《阅藏知津》为依据，分析佛典的经、律、论三藏，选十种典籍，列出汉译佛典的文献结构，也就是《管锥编》第三种文献结构，"五时"为华严、方等、般若、法华、涅槃。试列第三种文献结构如下：

	经	律	论	
华严部	《华严经》		·印度·	·中国·
方等部	《维摩诘经》《楞严经》		《大智度论》	《肇论》
般若部	《大般若经》		《瑜珈师地论》	《宗镜录》
法华部	《妙法莲花经》			
涅槃部	《大般涅槃经》			

华严部的根本经典是《华严经》（40，112，115，172，437，485，511，766，930，966，1212，1258），全名《大方广佛华严经》。主要有三种不同译本：八十卷本，六十卷本，四十卷本。八十卷本为唐实叉难陀译，六十卷本为别译，四十卷本内容即八

十卷本的核心《入法界品》，其最后一卷"普贤行愿品"有别本，流通极广。《华严经》是佛教的镇藏重典之一，被称为"经王"，所谓"独被大机"、"称心之极谈"。《入法界品》善财童子五十三参遍历种种境界，和《神曲》《浮士德》的结构方式有相通处。此部可配合《华严经》的重要经典尚有《圆觉经》一卷（169，235，448，965，1051），全名《大方广圆觉修多罗了义经》。以中国思想来看，《华严经》和《圆觉经》篇幅虽有大小的不同，但在结构方式上《华严经》取十数的变化，《圆觉经》取十二数的变化，天干地支正可相合。《华严经》的注解可参观清凉澄观《疏抄》（40，112），《疏抄》解《华严经》，已渗入中国思想，大经大疏，叹为观止。

华严之后，应叙阿含，《阅藏知津》已别列阿含入小乘，故华严之后接方等。方等分显密二部，贵圆通变化以适应不同的情况。显部若干经典，如《大宝积经》一百三十卷，《大集经》三十卷，包括多种内容。今取一种，《维摩诘经》三卷（5，13，54，412，414，448，480，574，625，765，1107，1213），此经倡不二法门，打通世间法与出世间法，游戏神通，深受知识人喜爱。又《维摩诘经》于经可配合读《思益梵天所问经》四卷，《思益》出而《维摩》入；于注可配合读僧肇注，肇注吸收魏晋玄学王弼注《老》、郭象注《庄》的英华，参与开创中国佛教的局面。方等显部的突出内容还有二类：一类为《无量寿经》二卷（从《大宝积经》出，有多种译本），《观无量寿经》一卷，《阿弥陀经》一卷，增入《华严经》的"普贤行愿品"，称"净土四经",内容为佛教的净土信仰,在汉译佛典的其他分类法中,可另立"净土部"。可配合读《药师琉璃光七佛本愿功德经》(玄奘、义净两种译本内容略异),药师弥陀,有东西生死之别,但可以互通。一类为《楞伽经》(《管》844,1186,1293,1375,《谈》323),主要有刘宋求那跋陀罗译的四卷本《楞伽阿跋多罗宝经》,与唐实叉难陀译的七卷本《大乘入楞伽经》。《管锥编》第二册848页《增订》考证这二种版本。配合《唯识二十颂》《唯识三十颂》《成唯识论》十卷(《管》《谈》多次征引),可另立"唯识部"。方等密部取一种,《楞严经》十卷(115,489,579,909,1213,1282,1293,1053),全名《大佛顶如来密因修证了义诸菩萨万行首楞严经》。近代以来,学术界对此经是否传自印度有争论,《管锥编》157页也从设譬处判断此经有华人手笔增润,故此经可认为有中国文化的成分,与其时开始传入的唐密乃至藏密相应。

方等以下为般若。般若部的根本经典是《大般若经》六百卷(《增订》45页),全名《大般若波罗蜜多经》,玄奘译。《大般若经》卷帙浩大,流通本为《金刚经》一卷(《管》295,457,499,878,《谈》615),全名《金刚般若波罗蜜多经》,即《大般若经》十六会中第九会"能断金刚分",称"般若经之胆",有多种译本,以鸠摩罗什译本最为流行。《金刚经》再浓缩,为《心经》数百字,全称《般若波罗蜜多心经》,也就是《管锥编》688—689页《太平广记》卷48则论及的"多心经"(参见583页)。玄奘一生研究唯识,开创中土慈恩宗,又译出

第四章 槎通碧汉（1966—1978）

《大般若经》，重译《金刚经》，译《心经》并尤其重视之，一生浸润其中，此所以能融通空有，独开局面。小说《西游记》描写唐僧每遇患难依此"多心经"，其象即出于此。印度大乘佛教在玄奘后全入中华，玄奘为转变期的枢纽人物。

法华部和涅槃部，同是天台宗所认识佛教的最后内容。其中法华部开权显实，涅槃部扶律谈常，两部可分可合，以结"五时"。法华部根本经典是《妙法莲花经》七卷（448，1376，etc.），此经天台宗最重视，被称为佛教的总线索。可参阅智者的《法华玄义》（《管》1，408，《谈》412，etc.）、《文句》（1376）和《摩诃止观》（《管》408，1012，1262，1243，《谈》399）。《法华经》中《观世音菩萨普门品》流通极广，亦感应之象（《管》740）。涅槃部主要经典为《大般涅槃经》四十卷，释迦牟尼临涅槃时所说。此时所说的《遗教》等经，《知津》判归阿含。《管锥编》征引《大般涅槃经》甚多（191，421，442，462，485，499，511，765，962，1235，1255，1266，1331，1438，1486，1496）。

以上为大乘经。小乘经主要为四阿含：《长阿含经》（649，873，948，1257，1359，1438）、《中阿含经》、《杂阿含经》（124，984，1005，1019，1081，1395，1480）、《增一阿含经》（125，948）。可再标示一种：《安般守意经》二卷，安世高译，《管锥编》476页引及此经康僧会序。此经是小乘禅法的根本，几经转变后，天台宗"止观"法门吸收其义。又"杂藏"数种可附于此：《四十二章经》（《管》430，1005，1019，1495，

1541,《谈》202)。又有《百喻经》二卷，可见佛典譬喻之一斑（487，556，1365）。在中国现代文学史上，鲁迅曾捐资刻印《百喻经》，可称佳话。

以上为经藏。律藏《管锥编》征引不多，主要典籍有《梵网经》，《管锥编》征引较多的是《优婆塞戒经》七卷（337，etc.)。又北传佛教的三藏编次为经、律、论，南传佛教的三藏编次为律、经、论。重经由知而行，重律由行而知，为南北传佛教的不同入手处。

论藏分"西土"和"此土"两类。"西土"取二种：《大智度论》一百卷（13，37，272，442，468，485，488，511，928，1258，etc.)，龙树造，鸠摩罗什译，释般若思想（释经论）。《瑜珈师地论》一百卷（《谈》227，407)，弥勒说，玄奘译，阐唯识思想（宗经论）。两大论相应空有二宗，概括严密。此外《管锥编》征引的论典尚有《中论》四卷（442，448，457，1052)。

"此土"撰述也取二种。《管锥编》的《全上古三代秦汉三国六朝文》卷163则（1270—1272页）论及中国佛教时，标举《肇论》和《宗镜论》为首尾，今依从之。由汉末魏晋传入的佛教，在南北朝时期得佛图澄（232—348，参阅《太平广记》卷37则《佛图澄》，680）、鸠摩罗什（350—409，同上38则《鸠摩罗什》，681—682）进入而大兴，僧肇（374—414）身处此变化时期，参与的正是佛教的中国化。《肇论》（448，480，625，1012，etc.）于印度的般若和中国的老庄均自然化入，可当佛教中国化开端期的重要著作。而中国佛教完成要到隋唐，性、相、台、贤、禅、净、律、密八宗都吸收中国思想而有独特见地。其中突出发展的是禅宗，禅宗至唐末五代，正由极盛而处将转之机，而转变时期的重要作品是永明延寿的《宗镜录》一百卷（《管》456，511，527，604，618，625，686，718，966，986，1105，《谈》115，etc.），《宗镜录》以禅理为准统一各家之说，已吸收总结各种禅机，以后禅宗不再有大的发展。如果认为《宗镜录》结束禅宗，也无不可。以《宗镜录》为准，前此入唐有《六祖坛经》（209，417，1331，1375，1475）至圭峰《禅源诸诠都集》（《管》1012，1293，《谈》99），后此入宋经《景德传灯录》而至《五灯会元》（33，75，184，412，421，501，542，564，604，608，904，909，922，1047，1105，1107，1368，1371，1383，1435），集禅宗资料之大成。但是禅宗正所以破资料，所谓"书籍无穷，多读徒疲精弊体"（《旧约》，《谈》502页），"世界如此广阔，不肯出，钻他故纸，驴年去得"（《传灯录》，《谈》202页），凝正所以破凝。宋以后思想发展的主要线索已不在佛教，而最后的高僧为明末四大师：袾宏（1002，1082，1388）、真可、德清（1270，etc.）、智旭。智旭著《阅藏知津》，为中国佛教的结构所在。

此外，《管锥编》经常征引的佛教典籍还有《高僧传》（道宣，542，868，1255，1262，1263，1320，慧皎，427，438，1272，1290，赞宁，1329，etc.）、《佛祖统纪》（485，1333，1368，1371，1385，1548）、《法苑珠林》《翻译名义集》《大唐

西域记》（492，1019）等。

《管锥编》第四种文献结构出于《道藏》。先秦的诸子百家，都在各种程度上相应于道而建立学说。道的理论入汉为黄老，至魏晋成玄学，由于受佛教传入的刺激，始有道家和道教的分别。基本上道教崇实重黄老，道家尚虚重老庄。以《道藏》论，以道教为主并吸收道家和其他文献在内，二者不可分。魏晋至唐，儒、道、佛三种思想渐成鼎立之势，互相斗争又互相援引，互相排斥又互相吸收。在唐开元年间（713—741）编成《三洞琼纲》，道教文献初步成藏，其后散失。宋真宗时重编，修成《大宋天宫宝藏》（1012—1019），用三洞四辅十二部的分类，共4565卷，奠定了后来《道藏》的编纂体例。后代以此"宋藏"为基础，续有编纂，亦续有散失，今存者为明代《正统道藏》（1445）和《万历续道藏》（1607），共5486卷。今仍以《管锥编》征引的典籍为主，根据《道藏》引出道教典籍的文献结构，也就是《管锥编》第四种文献结构，共十二种。其中《度人经》一种未见于《管锥编》初辑，属补入。道教文献的分类为三洞四辅十二类，至十二类已臻精细，今仅以三洞四辅论之，以见大要。

洞 真	洞 玄	洞 神	其 他
《度人经》《阴符经》《悟真篇》	《黄庭经》	《道德真经》《南华真经》《冲虚真经》	
《周易参同契》（太玄）	《太平经》（太平）	《淮南子》《抱朴子》（太清）	《云笈七签》

凡三洞分类，洞真以元始天尊为主，属上乘；洞玄以太上道君为主，属中乘；洞神以老子为主，属下乘。三洞辅之以四辅："太玄"辅"洞真"，"太平"辅"洞玄"，"太清"辅"洞神"，"正一"总辅三洞。凡一三而三，三三而九，九一而十，九、十变化以见整体。《道藏》文献，以今观之，有相当丰富的自然哲学和自然科学内容，也有相当丰富的社会思想文化内容。《管锥编》阐发后者较多，而前者亦宜重视之。于历代重重附加于道藏文献上的宗教色彩和迷信外衣，亟须次第破除，露本根而披枝叶，尽性穷理，才是正确的读藏态度。

洞真部四书，在时代上有衔接：《度人经》魏晋，《阴符经》南北朝唐，《悟真篇》宋，《周易参同契》汉末，四部经典构成时代的连续。洞真部首列《度人经》六十一卷，全名《灵宝元量度人上品妙经》。这是《道藏》第一部经典，也是全藏最大经典，和佛教《华严经》地位约相当，所谓镇藏重典。此经的思想结构通于《周易》，为魏晋转折期思想之要。其次为《阴符经》一卷，全名《黄帝阴符经》，《管锥编》多处征引。《阴符经》可以从多种角度理解（《道藏》有近二十种注），《管锥编》428页以《阴符经》与《道德经》相通是一种理解（"阴符"错印成"灵符"），992页以《阴符经》和《鬼谷子》《计然策》相通又是一种理解。两种理解都可以，当以《道德经》《阴符经》相通为主。道教的根本在黄老，秦汉的黄老可参阅马王堆文献，唐宋的黄老即此《道德经》和《阴符经》的配合。其次为《悟真篇》五卷，全名《紫阳真人悟真篇》，宋张伯端著，《管锥编》征引极多（206，233，546，574，865，913，966，1078，1104，1427，《谈》203）。中国养生学在《参同契》《黄庭经》之后，最大的发展就是《悟真篇》，其思想已合三教。张伯端和禅宗的联系，可参阅雪窦禅师《祖英集》（《管》1384，《谈》201—202，533）。《管锥编》所引的"阇国人追不再来，千古万古空相忆"，即《谈艺录》所引的"苍鹰生擒"，要在时间，无二无别。张伯端著作，可参阅《金丹四百字》（527，546）、《寄白龙洞刘道人》（546）等，但《金丹四百字》似为马自然的作品，和《悟真篇》思想有所不同。宋代道教，张伯端开创南宗，又有王重阳开创北宗，王重阳以下如马钰、丘处机等，均有大量作品。于道教南北宗的关系，如分派原则等，《管锥编》较少考订，似为缺憾（参观《七缀集》25页注14）。《谈艺录》补订本510页引及《全金元词》王重阳词一首，于北宗也有所关涉。

洞真部之辅为"太玄"。重要经典有《周易参同契》三卷（《管》232，546，又9，765，《谈》100）。此书地位很高，有"万古丹经王"之称，已引起西方学者如李约瑟等的重视。《周易参同契》在《道藏》有近十种注解，以五代彭晓《参同契分章通真义》和朱熹（托名邹䜣）注解本较流行，可配合读《古文龙虎经》三卷。

洞玄部主要经典为《黄庭经》，包括《黄庭内景经》一卷、《黄庭外景经》三卷（99，451，1417），此经属养生学，对人身的内部结构有种种深入描绘。其基本思想从医学经典《黄帝内经》（1431）出，由《黄帝内经》而《黄庭经》，发展"上医医未病"的思想。此经有唐梁丘子、务成子注，并有胡愔的《黄庭内景经五脏六肺补泻图》。又《云笈七签》有《黄庭中景经》，而《中黄真经》义更深。可配合读洞真部《大洞真经》六卷。《管锥编》1429—1430页引及《抱朴子》的"诀"与《黄庭经》句式接近，也可合观。

洞玄部之辅为"太平"，主要经典有《太平经》（643，1084）。此经在东汉末年的农民起义中起过重要作用。在思想文化上，汉末魏晋道教的兴起，以四部典籍为主：《参同契》、《黄庭经》为内，《太平经》、《抱朴子》为外，四部典籍构成了当时道教的骨架。

洞神部主要经典取三种：《道德真经》、《冲虚真经》、《南华真经》。《道德真经》即《老子》，《冲虚真经》即《列子》，《南华真经》即《庄子》，将"三子"列为三部"真经"，是道教对先秦人物和思想的宗教性神化。既然可以将三书由学术转为宗教，今读三书如能掌握其实质性思想，仍可将三书由宗教转回学术，"转浊成灵，自身回旋"（446页），往者可还也。三书之中，《冲虚真经》即《列子》非先秦之旧，仍然可以当作魏晋的思想资料，同样还有《文始真经》即《关尹子》（《管》266，408，457，921，1212，1213，《谈》5，etc.）也非先秦之旧，仍然可以当作唐宋的思想资料（参观《管》1233—1234）。《老子》《列子》《庄子》，《管锥编》初、续辑均有专卷论述，这也是《管锥编》第一种文献结构和第四种文献结构的相合之处。而于《老子》，在王弼注之外，可参读相关两汉思想的河上公注；于《庄子》,在郭象注之外,可参读相关宋明思想的王船山《庄子解》(1261)和《庄子通》。

洞神部之辅为"太清",主要典籍取二种。一为《淮南子》(403,411,422,424,428,431,447,499,523,540,566,571,645,1019,1115,1417,1429,1541,etc.),全名《淮南鸿烈解》,二十八卷。一为《抱朴子》,包括内外篇,主要为内篇二十卷。二书主要思想是黄老,其中《淮南子》思想是先秦到汉,《抱朴子》思想为汉末到魏晋,而且代表魏晋间道教和玄学的对立,《管锥编》427页论及《抱朴子·释滞》对老子、文子、庄子、关尹的破斥(参观1233—1234页),所谓"永无至言",确中玄学之病,宜以为诫。

三洞三辅之外,还有《云笈七签》122卷,张君房编。此书为《大宋天宫宝藏》的精要,集魏晋至北宋以前道教发展主要内容的大成,有"小道藏"之称。在《正统道藏》此书属太玄,因为性质特殊,拔出别列一类(428,489,528,924,1485,1535)。可参观《真诰》(944,etc.)等。《云笈七签》的时间为魏晋至宋,宋以后的发展就是南北宗。三洞西辅,太玄辅洞真,太平辅洞玄,太清辅洞神,"正一"一辅,总辅三洞。《管锥编》未加征引"正一",故不列入。

以上列出并介绍《管锥编》四种文献结构:其中两种已为《管锥编》和《感觉·观念·思想》采用或可能采用,两种隐含于行文之中。四种文献结构虽然简要,却是四部、佛藏、道藏和西方著作中的骨干性典籍,《管锥编》内含的天经地义,正在于此。对这些典籍所组成的文献结构的认识，主要不在文辞，而在贯穿其中的人类精神文化生生不息的发展。在某句话和某句话之间，某本典籍和某本典籍之间，某种思想和某种思想之间，可能有牴牾，有矛盾，但汇成人类文化发展的洪流以合观之，则早已一切和谐。思想如果能相应其间，确可获得很多有益的信息，以此四种文献结构总观《管锥编》征引的近万种书籍，才可称散而不乱。

三、天禄琳琅（下）
——《管锥编》十部书简义

《管锥编》全书由若干札记组成。它分成十卷，分别评论十部中国古典要籍。从外部说，十部书之间有其文献结构关系。从内部说，十部书有其具体内容。《管锥编》论述方式如下：每卷第1则为总论，是作者对这部书的总体认识。第2则以下，对具体段落进行考订和评论。由于对每部书的总体认识属于全书的纲要，往往影响以后诸则的评论，所以本节尝试从介绍和分析这十部书入手，对《管锥编》论及的内容作若干整理和阐发，有时也提出一些其他看法。

《管锥编》纲领在十部书，共有781则札记。抓住十部书的纲领，781则札记的系统已见。全书札记的总数，如下所示：

《周易正义》	27 则
《毛诗正义》	60 则
《左传正义》	67 则

第四章　槎通碧汉（1966—1978）

（续表）

《史记会注考证》	58 则
	以上第一册　212 则
《老子》王弼注	19 则
《列子》张湛注	9 则
《焦氏易林》	31 则
《楚辞》洪兴祖补注	18 则
《太平广记》	215 则
	以上第二册　292 则
《全上古三代秦汉三国六朝文》（全上古文至全晋文）	
	以上第三册　140 则
《全上古三代秦汉三国六朝文》（全晋文至全隋文）	
	以上第四册　137 则
	总计　781 则

《管锥编》由这十部书 781 则组成。以后《管锥编》又进行了多次增订[①]，"增订"使《管锥编》更为充实，但是全书仍然由十部书 781 则组成，总的结构并不因此而改变。理解《管锥编》，仍然可以从十部书入手，进一步理解 781 则札记。如果能理解这十部书，781 则札记也可以顺势而解。

[①] 《管锥编》1978 年 8 月初版时，第一、二册卷末就有数页"增订"。此后作者撰写《管锥编增订》专册，共八万余字，1982 年出版。1986 年 6 月，《管锥编》校正字句，出了第二版。此后作者又撰写了《管锥编增订》之二，中华书局将《增订》和《增订》之二合为第五册，1991 年 6 月出了第三版。

甲、《周易正义》王弼、韩康伯注，孔颖达疏

《管锥编》本卷共 27 则。总论 1 则："论易之三名"（1）。上下二经 15 则（2—16）。十翼 11 则（17—27）：其中《系辞》9 则（17—25），《说卦》2 则（26—27）。

"论易之三名"是《管锥编》第一卷第 1 则，它是本卷的总序，也可以看成全书的总序。《管锥编》从这里开场，富于象征意义，理解全书可以从此入手。本篇以中国哲学的"易之三名"，沟通于西方哲学的"奥伏赫变"（Aufhaben），代表作者贯通全书的比较文化立场。而《周易》卷"变易、不易、简易"的思想，与《老子》卷"道可道，非常道，名可名，非常名"的思想相合，可作为理解全书哲学思想的主线；与《毛诗》卷"诗言志、歌咏言"的思想结合，可作为理解全书文学思想的主线。这两条主线是全书认识论和方法论的总纲，读《管锥编》诸则可以从此入手。

《周易正义》卷首有"八论"，是《周易正义》认识易学的总纲。"八论"中，第一论《周易》的"易"，第二至六论《周易》基本文献的形成，第七至八论《周易》的流传。"论易之三名"阐发《周易》本身，居首最要。试征引此论稍详，并作分析。《论易之三名》原文：

《正义》曰：夫易者，变化之总名，改换之殊称。自天地开辟，阴阳运行，寒暑迭来，日月更出，孚萌庶类，亭毒

群品，新新不停，生生相续，莫非资变化之力、换代之功。然变化运行在阴阳二气，故圣人初画八卦，设刚柔两画象二气也，布以三位象三才也，谓之为易，取变化之义。既义总变化而独以易为名者，《易纬乾凿度》云："易一名而含三义，所谓易也，变易也，不易也。"……郑玄依此义作《易赞》及《易论》云："易一名而含三义；易简一也，变易二也，不易三也。"

此段文义可分三节："夫易者，变化之总名，改换之殊称"为总冒。以下"天地开辟"云云为第一节，叙述自然界和生物界一切变化的林林总总状况。"然变化运行在阴阳二气"云云为第二节，叙述用卦象表示自然界和生物界一切变化。与上两节紧密结合，以"既义总变化而独以易名者"引起第三节而叙述易之三名，其中标示着重号的句子，即《管锥编》开场所征引。

以易学原有观念分析，第一节所论为天地自然之易，第二节所论为象数之易，第三节所论为义理之易。三者紧密结合，为易学内容所在，《系辞上》所谓"易与天地准，故能弥纶天地之道"。结合则三名为三实，离析则三名皆虚。《管锥编》截去前二节，直接从第三节切入，正是此书认识易学的独特角度和立足点。这一独特角度使《管锥编》的主要成就不在上通天地自然和象数之易，而在认识义理之易的名义变化。在《系辞上》"观象玩辞，观变玩占"四道之中，《管锥编》的思想和成就属"玩辞"一道。故《管锥编》，玩辞之书也，而"玩辞"极见特色。

站在比较文化的立场上来说，易学和《周易》是与世界文化最深层内容沟通的中华学术。《管锥编》开场以德国哲学"奥伏赫变"为比较，正是这类感触。如以"冥契道妙"而论，易学可以和"奥伏赫变"比较的内容可以是"生克"，也可以是"易之三名"，此有崇实和尊名之别。认识东西文化均有不仅一字能涵多意，抑且数意可以同时并用，"合诸科"于"一言"的语言现象，正是《管锥编》全书的用武之场。得此精深的比较哲理，乃由哲而通文，见出《管锥编》所重视的双向思路："语出双关，文蕴两意，乃诙谐之惯事，固词章所优为，义理亦有之。"此义贯穿全书，随见随说。

《管锥编》以《周易》卷置首，《周易》卷以"论易之三名"置首，表明了全书的重心所在。《周易》卷"论易之三名"的第一义，相通于全书其他各卷的第一义，如《毛诗》卷论"诗之一名三训"、"风之一名三训"；《左传》卷论"五例"和"记言"；《老子》卷论"道"与"名"；《易林》卷论"四言诗范"；《楚辞》卷论"离骚"的多义；《全上古三代秦汉三国六朝文》卷论"口生垢，口戕口"；均同此义。

乙、《毛诗正义》毛亨传，郑玄笺，孔颖达疏

《管锥编》本卷共 60 则。总论 5 则：论《诗谱序》1 则（1），《诗大序》4 则（2—5，即《关雎》1—4）。"风" 43 则（《关雎》—《鸱鸮》，6—48）。"雅" 12 则（小雅：《四牡》—《楚茨》，49—57；大雅：《大明》—《常武》，58—60）。

第四章　槎通碧汉（1966—1978）

本卷相承《周易》卷，《易》《诗》相合，可当全书的文学主线。论《诗谱序》"诗之一名三训"，相承《周易》卷"论易之三名"，卷首郑玄语亦两处征引。

总论5则，释《诗谱序》和《诗大序》（即论《关雎》1—4）。今略作整理，分两段标示其纲要：第1、3、4则论诗之为诗，阐释"诗言志，歌永言"，即第1则释"诗言志"，第3、4则释"歌永言"。第2、5则论诗六义，即第2则释"风雅颂"的"风"，第5则释"赋比兴"的"兴"。两段相合，可见《毛诗》和中国传统诗论的基本观点。

第一段，《管锥编》引郑玄《诗谱序》："《虞书》曰：'诗言志，歌永言，声依永，律和声。'然则诗之道放于此乎。"标示了"诗言志、歌永言"的纲要。《管锥编》于第1则引《关雎序》"诗者，志之所之也，在心为志，发言为诗"，阐发了"诗言志"；第3、4则引《序》"情发于声，声成文，谓之音"，阐发了"歌永言"。于"诗言志"，判断标准在诗、礼相合，其要在"发乎情，止乎礼义"（《序》）；于"歌永言"，判断标准在诗、乐相合，其要在"唯乐不可以为伪"（《乐记》），"从胸臆之中而彻太极"（《乐纬动声仪》）。前者见出"诗，志也"、"诗，持也"二义之相反相成，"背出分训而同时合训"；后者见出音乐写心示志（Abbild des willens selbst），透表入里，遗皮毛而得真质（vom wesen），"知音乃所以知言"。

第二段论"诗六义"。第2则释"风"，未释"雅颂"。《管锥编》引《〈关雎〉序》："风，风也，教也，风也动之，教以化之……上以风化下，下以风刺上。"《正义》："微动如风，言出而过改，犹风行而草偃，故曰'风'……《尚书》之'三风十愆'，疾病也。诗人之四始六义，救药也。"以《毛诗》结构与《管锥编》本卷对读：《诗》305篇，其中"风"160篇，《管锥编》释43则，占"风"的四分之一；"雅"105篇（"小雅"74篇，"大雅"31篇），《管锥编》释12则（"小雅"9则，"大雅"3则），占"雅"的九分之一；"颂"40篇（"周颂"31篇，"鲁颂"4篇，"商颂"5篇），《管锥编》无；可知《管》书的基本释读所在。《管锥编》于《诗》之渊源体用，于本源（origin and provenance）以土风、风谣笺之，于作用（purpose and function）以风谏、风教笺之，于体制（mode of existence and medium of expression）以风咏、风诵笺之，皆包举囊括于"风"之一字。

以《诗经》的整体结构而言，"风"、"雅"、"颂"有其基本平衡，大致"风"、"雅"当空间，而"颂"为时间。空、时不能相离，整体结构乃成。《序》谓"颂"："颂者，美盛德之形容，以其成功告于神明者也。"此涉及古代宗教思想，以安顿政治共同体。《序》谓"风"、"雅"："以一国之事，系一人之本，谓之'风'。言天下之事，形四方之风，谓之'雅'。""风"、"雅"于空间当边隅与中心。于"风"重视直抒各类感情，于"雅"重视调节各类感情，要在其间的变化。如"昔我往矣，杨柳依依，今我来思，雨雪霏霏"（《小雅·采薇》）[1]，此雅之小

---

[1] 参观《管锥编》本卷50则，第136—137页，又《谈艺录》66则，第220页。

第四章 槎通碧汉（1966—1978）

者，风而雅也，由边隅而中心；"訏谟定命，远犹辰告"（《大雅·抑》），此雅之大者，雅而风也，由中心而及边隅。风与雅有不同的思想趋向，故后句称"偏有雅人深致"（《世说新语·文学》52，参观《雅量》25）。读《诗经》贵在贯通风、雅、颂三者之间的结构，进而分辨正、变、反之间，进退之间所包含的不同时代、不同地位、不同人物的种种感情，则时与空、中心与边隅，处处可以变化。于是读活"三百篇"，确可相应人类情感的发展而无穷，如《管锥编》之《左传》卷46则襄公二十八年论赋诗断章引校本《韩诗外传》序"诗无定形，读《诗》亦无定解"，《谈艺录》补订本610页引《復堂诗话》"作者未必然，读者何必不然"（complete liberty of interpretation）。

第5则释"兴"。按《序》原文："故《诗》有六义焉。一曰风、二曰赋、三曰比、四曰兴、五曰雅、六曰颂。"《管锥编》释"风"时标出的"风谏、风教"一端，已通雅、颂二义，"风咏、风诵"一端，已通赋、比、兴三义。而《管锥编》于三义中特笺"兴"，既为其卓识，也相应《毛诗》的"独标兴体"。于"兴"的意义，《管锥编》引文颇详，可再读之。今列示如下：

> 兴者，起也。（刘勰）
> 触物以起情，谓之兴。（李仲蒙）
> 先言他物以引起所咏之词也。（朱熹）

> 诗之兴全无巴鼻。

诗之兴体，起句绝无意味。

按"兴"似可当物、人关系相通时的生气。《易·系辞上》"精气为物"的"物"，似相通《诗集传》"先言他物"的"物"。得此精气以为总冒，诗乃生气贯注，可连缀保存一段感情，一段思想，即朱熹所谓"引起所咏之词"。此涉及人类的深层心理，贵直接，而其曲折又宛转关生。如《王风》"扬之水，不流束薪"下接云云，以赋戍甲之劳；《郑风》"扬之水，不流束薪"下接云云，以赋兄弟之鲜。同一"兴"象，因无心凑合之不同，可以"兴"不同内容。故朱熹谓"诗之兴全无巴鼻"，李仲蒙谓"触物以起情"，徐渭谓"天机自动，触物发声"。此亦兴、比的不同之义，刘勰《文心雕龙·比兴》谓"比显而兴隐"是也。所以兴之为兴，正如诗之为诗，往往就是讲不清楚，只能如此讲才好，这才是诗。诗贵其破空而来，"兴"之全无巴鼻，亦通于此。

《论语》曰："《诗》可以兴，可以观，可以群，可以怨。"（《阳货》）《诗》之"兴"或与原始宗教相关，而其实质延续至今。《管锥编》既征引《毛诗》"关关雎鸠，在河之洲"，"桃之夭夭，灼灼其华"，"扬之水，不流束薪"这样的"兴"，又引及汉乐府"上邪，我欲与君相知，长命无绝衰"和"妃呼豨"这样的"兴"，又引及今日儿歌"一二一，一二一，香蕉苹果大鸭梨"这样的"兴"，则已贯通古今。既贯通古今，亦自然相通他义。诗之手法，当首标"兴"体，因"兴"既自成一体，又可兼"赋、比",三者可分可合。诗的作用也以"兴"为根本,凡"兴"阳而"怨"阴,观(阿波罗精神)、群(狄奥尼索斯精神)以当出入。

丙、《左传正义》杜预注,孔颖达疏

《管锥编》本卷共67则。总论1则,分论66则。其中隐、桓、庄、闵、僖五公当所传闻世(公元前722—公元前627),18则(2—19)。文、宣、成、襄四公当所闻世(公元前626—公元前542),27则(20—46)。昭、定、哀三公当所见世(公元前541—公元前481),21则(47—61)。

本卷相承《周易》卷。《周易》与《左传》《史记》相合,当《管锥编》的史学。六经之间的关键,在于《易》与《春秋》。《史记·司马相如传赞》:"《易》由隐以之显,《春秋》推见至隐。"《易》重视六十四卦、三百八十四爻的象数变化,最后以达画前之易①;《春秋》重视二百四十二年的史实,最后以达"绝笔获麟"后的思想,即由《论语》"从心所欲不逾矩"而达"予欲无言"的境界。由此突破卦爻文字的局限,知天道人事之相生无穷。《易》理而《春秋》事,可概括一切史实事件,相应"通观古今沿革之理,道一以贯"的最高理想。

知《易》和《春秋》的关系,然后可读《公羊》《穀梁》《左传》。一"经"三"传",相待而成。《管锥编》引桓谭《新

---

① 参观《谈艺录》补订本第37页吕紫微诗,第199—200页伊川论《易》。

论》:"左氏《传》于经,犹衣之表里,相待而成。《经》而无《传》,使圣人闭门思之,十年不能知也。"此论及《左传》和《春秋》相比较而存在,但是《左传》还和《公》《穀》二传相比较而存在。

《春秋》全书如果以"绝笔获麟"(哀公十四年,公元前481年)的思想来读解,则"绝笔"前后有出、入之异,思想大变。《公》、《穀》二传相应《春秋》,在公元前481年"绝笔"结束,对二百四十二年的史实重视褒贬。《左传》却不止于哀公十四年"西狩获麟",又接下去写出至哀公十六年(公元前479)的"续经",与至哀公二十七年(公元前468)的"补传",相应《春秋》的基本思想在"绝笔"后,更重视史实本身。以史实读《春秋》,不待褒贬,善恶自见。《春秋》由"绝笔"出,《左传》由续经、补传而入。出则由"王正月"返"春",以见四时行百物生的自然变化,入则由"春"而返"王正月",以重新整顿社会。一出一入,标准已不在周,所以化消为息,见历史发展的本来趋势。《春秋》绝笔而无言,《左传》"续经"、"补传"而有言,两者思想不同,反而可以相合。故《春秋》结合《左传》,已为我国史学之祖。《左传》的"续经"、"补传"虽只短短数年,已开后来《史记》和《资治通鉴》两大史学著作的先河。

《管锥编》本则大义有二:一、推许杜预所标示的"微而显,志而晦,婉而成章,尽而不污,惩恶而劝善"五例(成公十六年《传》),谓五者乃古人作史时心向神往之楷模。二、推许左氏工于纪言,为我国史籍最先。前者引述的结论是:"(五例)虽以品目《春秋》,《春秋》实不足于语此。""较之左氏纪言,《春秋》诚为'断烂朝报'。"后者引述的结论是:"史家追叙真人实事,每须遥体人情,设身局中,潜心腔内,忖之度之,以揣以摩,庶几入情入理。"前者的实质在经史关系,后者的实质在诗史关系。后者宜打通,而前者亦宜相应打通。

丁、《史记会注考证》〔日〕泷川资言编撰

《管锥编》本卷共58则。论"裴骃集解序"1则(1)。"十二本纪"6则(2—7)。"十表"(无)。"八书"3则(8—10)。"三十世家"11则(11—21)。"七十列传"27则(22—58)。

《管锥编》引《集解》"又其是非颇谬于圣人"一节,论司马迁父子异尚。裴氏语全本《汉书·司马迁传》,原文为:"又其是非颇谬于圣人,论大道则先黄老而后六经,序游侠则退处士而进奸雄,述货殖则崇势利而羞贫贱,此其所蔽也。"《管锥编》又称许"泷川此书,荟蕞之功不小"。

《管锥编》所引"又其是非颇谬于圣人"一节,"圣人"指孔子。孔子认识时代的标准在两部书,《尚书》和《春秋》。《尚书》为上限,是孔子认识的古史,以"《书》始尧舜"为标准观三代损益之变;《春秋》为下限,是孔子认识的近现代史,以"绝笔获麟"为纲领握万物聚散之纽。司马迁在孔子卒后承五百之运以继纂《春秋》的志向,使《史记》的内在纲领也含有《尚书》和《春秋》两端(《汉书·艺文志》"左史记言,右史记事，《尚书》，事为《春秋》，言为《尚书》"，故称"史记"），但是《史记》的可贵不仅在于内含《尚书》和《春秋》两端，而且在于对两端都有发展。对《尚书》一端的发展是根据战国时期已经达到的认识水平把对古史认识由尧舜推前至黄帝，以见尧舜事实之根；对《春秋》一端的发展是由鲁隐公元年（公元前722）推前一百二十年，确定共和元年（公元前841），以见《春秋》事实之根。由此两步推前，才可跨越前代局限而贯通各类资料，由春秋绝笔历述而下至汉武，完成一代通史。《史记》结束于《太史公自序》，《自序》共有两段重要结语。其中《自序》正文的结语如下：

于是卒述陶唐以来，至于麟止，自黄帝始。

《自序》目录的结语如下：

太史公曰：余述历黄帝以来至太初而讫，百三十篇。

《史记》全书认识的历史，包含在这两段结语之中。前段为逆笔：陶唐为《尚书》的尧舜，麟止为《春秋》的绝笔，具体相应的下限是汉武帝元鼎五年（公元前122）获麟，"自黄帝始"则由尧舜一逆而上至黄帝。后段是顺笔："余述历自黄帝以来"，确定黄帝为认识历史文化的坐标，由此而下，则顺延至汉武"太初"（公元前101）。"太初"建寅而改历，实现春秋时代孔子

"行夏之时"的理想(《论语·卫灵公》),实际仍返之尧舜,则"黄帝以来"仍内含尧舜孔子的思想。前段由逆而顺,后段由顺而逆,此顺逆变化,是《史记》认识时间的标准,也是黄老和儒家思想变化的关键。《史记》以《五帝本纪》建首,由黄帝而尧舜的大义,也是认识《史记》一百三十篇和司马迁父子思想的基础。

由此关键,可进而读《太史公自序》,以见"司马迁父子异尚"的事实。司马谈的思想重黄老,表现在《论六家要旨》[①],其大要可归于三学,"太史公学天官于唐都,受易于杨何,习道论于黄子"。此三学黄老的根基尽在,足以相应六家要旨,宜为《史记》立足点之一。司马迁的思想重儒家,表现在"昔西伯拘羑里,演《周易》;孔子厄陈蔡,作《春秋》;屈原放逐,著《离骚》;左丘失明,厥有《国语》;孙子膑脚,而论兵法;不韦迁蜀,世传《吕览》;韩非囚秦,《说难》《孤愤》;《诗》三百篇,大抵贤圣发愤之所为作也",而其要在"六经"。司马迁所述"绍明世,正《易传》,继《春秋》,本《诗》《书》《礼》《乐》之际"的志向,此"六经"儒家的根基尽在,足以整理前述的文献系统,也是《史记》的立足点之一。而司马迁父子虽然异尚,其终极仍可相合,即《报任少卿书》[②]"究天人之际,通古今之变,成一家之言"。这一志向是司马迁父子的相通处,

---

[①] 《管锥编》本卷58则论《太史公自序》将《论六家要旨》和庄周《天下篇》并观,推许其皆综论一世学术而能见异量之美(见第389—392页)。
[②] 《管锥编》中《全上古三代秦汉三国六朝文》卷23则论及,第935—940页。

也是黄老和儒学的相通处。

汉武帝时期，是中国文化的变化时期，当时有重要历史影响的事件有二：第一是在历法上改用太初历，改秦之建亥为建寅，孔子"行夏之时"的理想由此得以实行。此一"岁首"概念，沿用二千余年，至今仍在庆祝"春节"；第二是于学术上"罢黜百家，独尊儒术"，定儒学于一尊，此一思想也沿袭二千余年，至清末民初"打倒孔家店"而崩溃。汉武时代有此变化之机，司马迁父子异尚，也和此一变化相应。

《史记》开创体例，其流为二十四史。除二十四史以外，研究《史记》的成果可分为两个阶段。第一阶段由汉至唐，其主要成果总结于"三家注"。最初发表见解者有刘向、扬雄，其后班固对《史记》有最早的完整评论，见《汉书·司马迁传》。班固之后，贯通全文的研究就是"三家注"，即刘宋裴骃《集解》，唐司马贞《索引》，唐张守节《正义》。《集解》的思想承袭班固，以肯定司马迁"不虚美，不隐恶"的"实录"精神为主。《索隐》重天时，更推前《史记》首黄帝的思想而作《三皇本纪》，其志可喻。《正义》精地理，其"论史例"，重视《史记》的象数结构，从《史记·太史公自序》的根本思想化出。第二阶段由唐至近代，其间研究者不下数百家，成果累累，但缺少贯通并总结全书者。日本大正、昭和年间，泷川资言致力于此，历时二十余年（始于大正二年，终于昭和九年），引录中日典籍一百二十余种，将"三家注"后千余年的诸家成果系统地串联起来，完成了大规模的整理。《管锥编》评注《史记》，即采用泷川此书。泷川成书后，中国学者鲁实先著《史记会注考证驳议》，举七例驳《考证》，义皆精。读泷川书者，可以用此书辅之。

戊、《老子》王弼注

《管锥编》本卷共19则。总论1则。论"道经"10则（2—11）。论"德经"8则（12—19）。

本卷相承《周易》卷。易老相合，可当全书的哲学总纲。此卷纲要在总论（1）和分论第1则（2）。总论论《老子》版本，分论第1则论"道可道，非常道。名可名，非常名"。总论是对《老子》的总体认识，分论第1则相通《周易》卷"论易之三名"。

总论对《老子》各种版本有破有立，破的是唐中宗景龙二年（708）易州龙兴观碑本，立的是王弼注本。《管锥编》谓支持龙兴观碑本的主要学者有清中叶钱大昕、严可均等和"时贤"。按"时贤"当指朱谦之，朱氏《老子校释》即以龙兴观碑本为底本（1954年完成，1984年中华书局重印）。

《老子》各种版本今存一百余种[①]，主要可分两大系统。一为河上公本系统，文字简古，较接近的旧本有汉严遵本，其流派为景龙碑本、遂州碑本；一为王弼本系统，文字流畅，较接近的

[①] 朱谦之《老子校释》搜罗有石本、写本、佚本、道藏本和其他各种不同的老子版本共103种，完成校释后又得六朝写本《老子想尔注》等两种作补充，共计105种。如于《校释》之外补上1973年发现的马王堆帛书甲、乙本，则共存107种。

旧本有唐傅奕本，其流派为陆希声、苏辙、吴澄诸本。自开元御注本出（开元十一年〔公元723年〕注解，二十一年〔公元733年〕颁下，二十六年〔公元738年〕于易州龙兴观建立经幢），后世多依从之以改旧注。时世俗尚，依违于河上公、王弼两本之间，其后诸本皆非六朝旧本。在这两种系统之间，钱大昕、严可均、朱谦之重视河上公本系统，《管锥编》重视王弼本系统。

要而言之，河上公本系统和王弼本系统的差别主要在于相合不同的时代思潮，而字句的差别是时代、地域和思想变迁在文本上留下的痕迹，仅争执于字句，永不能理解老子。两个系统之间，河上公系统的思想核心在黄老，属两汉崇实的思潮；王弼系统的思想核心在老庄，属魏晋尚虚的思潮。前者思想传承从战国、西汉而来，而后者实际上受当时正在传入而尚未完备的佛教般若思想的影响。在版本上，河上公本略早于王弼本，其书至迟于东汉末当已存在。在汉末魏晋以后的发展变化中，河上公系统的思想主要发展变化于道教之中，也就是《管锥编》所谓"《参同契》《真诰》以还，道流相沿"的事实（401页）；王弼系统的思想由部分学者继承，另立道家一路。如果读《道德经》或《老子》本身，则知河上公与王弼，两者本可相通，原不必执一非一。后世编纂《道藏》，将两个系统的各种注解一并列入，兼容并蓄，宜有此宽广胸怀。

《管锥编》的写作始于1972年，而就在1973年，对于认识老子思想及其版本状况，发生了极大的变化。此年12月，在长沙马王堆三号汉墓中出土了大批帛书（陪葬于汉文帝前元十二年，公元前 168 年），约有十多万字。其中有两种帛书《老子》，称甲本、乙本，抄写年代可能在高帝（甲本字体介于篆书和隶书之间）和文帝（乙本隶书）时期，是目前《老子》的最古版本。汉马王堆帛书本的出土，不仅使《校释》孜孜考求的六朝旧本失去意义，也使河上公本系统和王弼本系统的是非有了进一步厘清的可能。

《老子校释》重视的其实是河上公本系统，既然重视这一系统，当直接取河上公本为底本。汉末的河上公本今已不存，现存的河上公本为宋代的刊行本。如果要在这一系统取比较确实的底本，仍以唐龙兴观碑本为最早。以碑本为代表，进而探求河上公本系统的"真质"，也是不得不然。批评此本，当体谅校释者不得已的苦心。但《校释》仅从字句比勘，由流行本而至宋，由宋而唐，由唐进窥，尚不能完全恢复六朝旧本的面貌，如何能理解在魏以至两汉战国已起大作用的《老子》思想？所以《校释》所用的乾嘉式的踏实学风，可贵，也必要，但仅从此路走，"蜀道之难，难于上青天"。倒不如《管锥编》直接取王弼注本以相合魏晋，简单直截，早已跳过六朝，由魏而晋，已得魏晋思潮的大体。但《管锥编》似仍有缺陷，其缺陷在仅重视由魏而晋的思想转折关键在王弼本，而忽视由汉而魏的思想转折关键在河上公本。

今以马王堆文献证之，马王堆帛书以《周易》黄老等文献并葬，可反映西汉武帝"罢黜百家，独尊儒术"之前文化思想的基本面貌。而对此一系统的思想，河上公注本能相应，王弼注本则不能相应①。河上公出现在西汉文帝时代的传说，以马王堆文献证之，确有其文化思想根源。此可见在神话寓言之中，仍有史实的成分，可作为《管锥编》于史实中见出神话（《左传》卷总论）思想的补充。

更以马王堆文献证之，帛书甲、乙本《老子》次序为《德经》在前，《道经》在后，和战国时代《韩非子》"解老""喻老"的次序同，则《老子》次序实为《德道经》。此见现存所有版本的《老子》包括河上公本、王弼本虽各有其长，均非西汉之旧。以帛书本《道经》首章"恒无欲也"、"恒有欲也"校后世诸本，则知河上公本和王弼本以"常无欲"、"常有欲"断句，毕竟切合人身实际，胜于他本"常有"、"常无"的空洞思辨。而帛书甲乙本《道经》更有"执今之道，以御今之有，以知古始，是谓道纪"这一极精之义。此"执今之道"的"今"字，诸本皆作"古"字，恢复此"今"字，可见西汉黄老思想的基本态度，永不落后于时代。

河上公本系统和王弼本系统在长期流传过程中，彼此早已相互影响而有所改变。对两者的区别，也应该从思想实质上看，而

---

① 河上公事见《太平广记》卷十《河上公》（引《神仙传》），河上公与王弼关系见卷三九《麻阳村人》（《管锥编》该卷19则引及，第662—663页）并见卷十《文广通》。前者言王弼未通《易》，后者言王弼未通《老》，虽为小说家言，也反映着魏晋至唐和孔颖达、刘知几不同的民间文化观点。河上公能通《老》，必通《易》，《管锥编》19则引《广记》卷三一七《王弼》条言及郑玄，东汉郑玄虽早已从黄老到儒家，但仍属两汉崇实学风。至魏晋时代的王弼，于《易》扫象，于《老》扫养生，崇实演为玄虚，学风始大变。《管锥编》19则所引诸事，虽属小说，仍见王弼思想流行后，两汉学风仍隐隐与之相抗。

不宜仅从字句上看。而马王堆本要真正读通，也要借助后世诸本，所以潜取诸本以足成马王堆本之义，并无不可。此亦"名可名，非常名"之义。

五十年代著成的《老子校释》，探求的不过是六朝旧本。七十年代著成的《管锥编》，称"洗铅华而对真质，浣脂粉而出素面，吾病未能"。马王堆本的出现，大有助于这一问题的澄清。然而马王堆本是否就是"真质"？甚至将来有可能发现的更早版本是否就是"真质"？然则"真质"何在？这一问题，或可作为参悟《老子》之的。

己、《列子》张湛注

《管锥编》本卷共9则。总论1则（1），分论8则：《天端》（2）、《黄帝》（3）、《周穆王》（4）、《仲尼》（5）、《汤问》（6）、《力命》（7）、《杨朱》（8）、《说符》（9）。《列子》八篇，《管锥编》分论8则，恰为一篇一则。《管锥编》论述各书，在篇章间往往跳跃，本卷是相应最全的一种。又《老子》卷和本卷合观，属道家思想的变化。

《管锥编》本卷论"《列子》张湛注"。对于《列子》，基本看法为"论文于建安（魏）义熙（晋）之间，能不以斯人为巨擘哉"。对于张湛注，基本看法为"似胜王弼之注《老》，仅次郭象之注《庄》"。又论"《列子》虽为伪作，而作伪者未必是张湛"。

《列子》为魏晋间最有特色的作品之一，历来考证者争论不休的问题是《列子》是否伪作。涉及这一层，问题就复杂起来，因为此书各部分内容确实真伪难辨。今试反转其思路，读此书不仅注意其伪中之伪，而且注意其真中之真。从伪的角度看，《列子》是魏晋间人抄撮诸书而成的伪作；从真的角度看，《列子》也可以是魏晋间人搜集先秦两汉资料编成的辑佚书。作这类辑佚，和宋、清间部分学者的考据式辑佚不同，目的不仅仅在于恢复《汉书·艺文志》"列子八篇"之旧，也不仅仅在于恢复先秦列子思想之旧，而是为了取得先秦两汉时的核心思想，以应付当时正在变化的时代需要。所以《列子》一书，不仅含有先秦、两汉的思想，也含有魏晋的思想，此不足为病。

魏晋为变化的时代，当时学者多能有所树立。王弼注《易》，扫荡汉学之旧；郭象注《庄》，实为《庄》注郭象；《列子》一书独行，价值不在诸注之下。《列子》成书后，其思想有其整体哲理。今当注意其整体哲理的核心内容及其来自何方。没有核心内容，只能抄出一部死书；有了核心内容，虽抄撮诸书，仍有整体活力。

《列子》书八篇有其相互关系。理解其整体哲理的核心内容，可从《天瑞》篇的前二节和《黄帝》篇的"九年"入。此三节相合，可探索全书的纲要，得此纲要则诸篇间的牴牾，如《力命》的"委之于命"，《杨朱》的"唯贵放逸"，皆可相合。《天瑞》第一节为列子之师壶邱子林和伯昏瞀人的谈话，内容如下：

有生不生，有化不化。不生者能生生，不化者能化化。

第四章 槎通碧汉（1966—1978）

生者不能不生，化者不能不化，故常生常化。常生常化者，无时不生，无时不化。阴阳尔，四时尔。不生者疑独，不化者往复。往复其际不可终，疑独其道不可穷。《黄帝书》曰："谷神不死，是谓玄牝。玄牝之门，是谓天地根。绵绵若存，用之不勤。"故生物者不生，化物者不化。自生自化，自形自色，自智自力，自消自息。谓之生化形色智力消息者，非也。

第二节为列子自言，内容如下：

昔者圣人因阴阳以统天地。夫有形者生于无形，则天地安从生。故曰："有太易，有太初，有太始，有太素。"太易者，未见气也。太初者，气之始也。太始者，形之始也。太素者，质之始也。气形质具而未相离，故曰浑沦。浑沦者，言万物相浑沦而未相离也。视之不见，听之不闻，循之不得，故曰易也。易无形埒，易变而为一，一变而七，七变而为九。九变者究也，乃复变而为一。一者形变之始也。清轻者上为天，浊重者下为地，冲和气者为人，故天地含精，万物化生。

这两节内容，一节引《老子》，称"黄帝书"，实质为黄老；一节引《易纬乾凿度》，实质为《易》。一变为七，七变为九即六七八九四数，是易数最根本的变化。有此《易》黄老的思想为根本，所以能吸收种种资料而编成《列子》一书。其中有相当内容采用了《庄子》(《列子》和《庄子》相合处有24节），而且有相当内容采用了当时已传入的印度佛教。伪刘向《序》称《列子》"其学本于黄帝老子，号曰道家"，张湛《序》称"所明往往与佛经相参，大抵同于老庄"，即言此意。《管锥编》本卷9则称："若夫空空妙手，窜取佛说，声色不动，踪迹难寻，自有《列子》在"（533页）。《易》黄老有其深刻的内容，所以能在时代思潮影响下吸收佛说和玄学，水乳交融，并且相互印证。

《天瑞》二节《管锥编》未释。《黄帝》"九年"一节实质是对前二节思想的体会，《管锥编》解释颇详，并点出由《庄子》而来。此节原文如下：

自吾之事夫子友若人也，三年之后，心不敢念是非，口不敢言利害，始得夫子一眄而已。五年之后，心庚念是非，口庚念利害，夫子始一解颜而笑。七年之后，从心之所念，庚无是非，从口之所言，庚无利害，夫子始一引吾并席而坐。九年之后，横心之所念，横口之所言，亦不知我之是非利害欤，亦不知彼之是非利害欤。……内外进矣。而后眼如耳，耳如鼻，鼻如口，无不同也。心凝形释，骨肉都融，不觉形之所倚，足之所履，随风东西，犹木叶干壳，竟不知风乘我乎，我乘风邪。

按此段列子自述所学，可与《庄子》内篇所述儒道二家弟子颜回和列子的事例参照。颜回由《人间世》"端而虚，勉而一","内直外曲,成而上比"以至"心斋""坐驰",仍有一间未达,直到《大宗师》"回忘仁义矣……回忘礼乐矣……回坐忘矣","堕肢体,黜聪明,离形去智,同于大通",由此而达成"九年"。而列子则由《逍遥游》"御风而行"的"有待",直至《应帝王》再受壶子之教而悟气机变化,终于"雕琢复朴,块然独以其形立,纷而封哉,一以是终",由此也达成"九年"。

《管锥编》以内篇女偊"……参日而能外天下……七日而后能外物……九日而后能外生"(《大宗师》)和外篇颜成子游"自吾闻子之言,一年而野,二年而从,三年而通,四年而物,五年而来,六年而鬼入,七年而天成,八年而不知死不知生,九年而大妙"(《寓言》)笺之,极是,确已寻至其精彩处。《管锥编》又引后世禅宗《牧牛图颂》十"双泯"和"入鄽垂手"印证,亦是。由先秦而魏晋,由魏晋而南北朝唐宋,可见禅宗的出现有其中国文化渊源。在先秦至魏晋的时代思潮中,《列子》一书有其独特的价值。《管锥编》谓子有庄、列,殆比史有马、班,引《文心雕龙》谓"列御寇之书气伟而采奇",给予了较高的评价。

《列子》注者张湛,东晋人。新旧《唐书·艺文志》记载他撰有《养生要集》十卷。《新唐书》又称他撰有《延年秘录》十二卷。《列子》较好的注本,有今人杨伯峻的《列子集释》,中华书局1979年版。

庚、《焦氏易林》

本卷相承《周易》卷。《易林》全书依《序卦》为次,体例为 64×64，共 4096 节。《管锥编》本卷总论 1 则，相应全书，分论 30 则，相应诸卦。

总论评焦延寿《易林》，重心在论述认识《易林》的两个角度：占卜书或四言诗范。从占卜书的角度认识《易林》，则此书上承《周易》，与扬雄的《太玄经》并列，同为西汉末年的两大易著。从四言诗范的角度认识《易林》，则此书上承《毛诗》，优于《太玄经》，为西汉末年的四言诗矩矱。如果以时代论，汉宋基本重视从前一角度认识《易林》，所谓"占候射伏"之书。而明中叶以后，始重视后一角度，于是《易林》文采始彰，声誉大起。这里正可见时代的变化，《管锥编》重视的是后一角度。

从先秦至汉的文化发展来看，《易林》一书，颇与"周秦以来先师之所传"相关，离开这一文化传统，不会有此书。《易林》64×64 的编辑体例，和《左传》《国语》的卜筮传统不可分，《左》《国》诸筮仅为举例，《易林》推其例而编成全书。《易林》之辞亦颇采经史诸子语，和当时的文学关联。《管锥编》所举《易林》和他书相参之例，如《周易》《毛诗》《左传》《淮南子》、汉乐府、古诗等，即属此类。《易林》在文化上有所继承，成书于两汉之间，大体可信。① 能知《易林》的成书背景，则读此书可直趋核心，而作者姓名究竟为焦延寿或崔篆或许峻，已属枝节问题。在没有新资料发现的情况下，《管锥编》消

---

① 《太玄》《易林》出现在两汉之间，东汉以后，经学渐占统治地位，学者主要精力移向注经，不再有《太玄》《易林》这样的大制作。

第四章　槎通碧汉（1966—1978）

解此一问题，颇为可取。

从文化传统的角度看《易林》此书，其内容兼及占卜书和四言诗二者，必取一废一，不可能当《易林》作者的后世钟子期（参观《汉书·扬雄传》）。《管锥编》对周秦以至汉宋以来文化发展影响《易林》的认识角度涉及不多，重视较多的是明中叶以后对《易林》的认识角度。它打破占卜书不可为四言诗这一层隔阂，对四言诗不可为占卜书这一层隔阂，也有所涉及。而《易林》既是占卜书又是四言诗，两者本无隔阂。《管锥编》后来于《增订》43页言及占卜之词不害为诗，正如诗篇可当卜辞用，见解明通，已兼及两方面。

在《周易》"玩辞""玩占"两方面中，《易林》所重在"玩占"之道，以《老子》喻之，似可当"道可道，非常道"；《管锥编》所重在"玩辞"之道，即本篇所引的"名可名，非常名"。人类预知未来的永恒向往，在古代文化的中心内容之一就是占卜。《周易》和《易林》，都是从这里发展而来。完全废除占卜，不可能全面读通《周易》和《易林》。《周易》和《易林》的生气勃勃，触类而长，穷极变化，毕竟和占卜相关。废除占卜，《周易》和《易林》只是一堆散碎的文辞，还有什么生动可言？

读解《周易》和《易林》，不在废除占卜，而在得其高一层次之理。这高一层次之理，《周易》《左传》中都已经存在，《管锥编》也有所论及。《周易》卷19则《系辞》（三）论"知幾"（44—46页），20则《系辞》（四）论"洗心"（按"洗心"和

"先心"仍可相通），引《系辞》"幾者动之微，吉之先见者也"，"洗心退藏于密"（46—47页）。《左传》卷52则论"卜筮因人而异吉凶"（231—232页），引《论语·子路》："不恒其德，或承之羞；子曰：不占而已矣"；《左传·昭公十二年》："子服惠伯曰：吾尝学此矣，忠信之事则可，不然必败。……且夫《易》不可以占险"，张载《正蒙·大易》篇："《易》为君子谋，不为小人谋。"正见古代文化对待占卜，有极其理性的原则，绝非简单的术数迷信所可笼罩。能得其理，则"玩占"和"玩辞"之间亦可一贯，犹道、名之间有其变通。

《管锥编》颇重视诸《林》辞之间的变化贯通。本卷7则《比》之《归妹》比较诸《林》辞后说："世事多方，更端莫尽，祸倚福伏，心异貌同"；第19则《无妄》之《明夷》说："变故多方，难以一概。……玩索诸《林》，可免于知其一不知其二焉"；第21则《离》之《遯》称《易林》之长在"多变其象，示世事之多端殊态，以破人之隅见株守"；此犹通"玩占"于"玩辞"。如能于4096节《林》辞之间节节支解，以破4096种隅见株守，则《易林》全书已通，通全书者其德可恒，则不占犹占，占犹不占，如《论语》子曰："不占而已矣！"（《子路》）

辛、《楚辞》洪兴祖补注　汉王逸章句，宋洪兴祖补注

《管锥编》本卷共18则。论《离骚经章句序》1则（1）。《离骚》1则（2），《九歌》5则（3—7），《天问》1则（8），《九章》4则（9—12），《远游》1则（13），《卜居》1则

第四章　槎通碧汉（1966—1978）

(14)，《九辩》2则（15—16），《招魂》1则（17），《大招》1则（18）。《楚辞》上承《毛诗》，《毛诗》《楚辞》合观，代表着中国北方和南方的文学主流，对先秦以后的文学发展有经久不息的影响。

《楚辞》共十七卷，从《离骚》到《大招》为前十卷，以先秦屈原作品为主，包括宋玉和景差，这是《楚辞》最有创造性的部分。从《惜誓》到《九思》为后七卷，是贾谊、淮南小山、东方朔、严忌、王褒、刘向、王逸的作品，多属汉人模拟。此一楚辞发展源流，以《史记·屈原贾生列传》作为参照，正与屈原为战国，贾生为西汉的次序对应。由屈而贾，尽楚辞源流之变。《管锥编》截去后七卷（入《全上古三代秦汉三国六朝文》），只释前十卷，于十卷中又汰去疑伪的《渔父》，实际释九卷，又补入释王逸《离骚经章句序》以为总论。如此采择，已得《楚辞》英华。

《管锥编》解释王逸《离骚经章句序》。引《序》原文：

（屈原执履忠贞而被谗衰，忧心烦乱，不知所愬，乃作《离骚经》。）离、别也。骚、愁也。经、径也。言己放逐离别，中心愁思，犹依道径，以风谏君者也。

又引洪兴祖《补注》：

太史公曰："离骚者，犹离忧也"；班孟坚曰："离犹遭也,明己遭忧作辞也";颜师古曰:"忧动曰骚。"余按古人引"离骚"未有言"经"者,盖后世之士祖述其词,尊之为"经"者,非屈原意也。逸说非是。

《管锥编》谓《补注》驳"经"字甚允,于"离骚"两解,未置可否。因而重点辨析"离骚"词义:"骚"为扰动,为不安,为愁,"离"训遭、偶,亦训分、畔。"离骚"者,欲摆脱忧愁而遁避之,然"骚"终未"离"而愁将焉避!《管锥编》以《周易》卷"背出分训而同时合训"阐说"离骚"字义,《离骚》全诗包含的种种复杂情感,由此化出,宜体味之。但对于"经"字,似可补论一二。

《楚辞》这部内容丰富的文献总集,内含有楚文化和屈原个人两端,而两端不可分。这部文献总集,在西汉及其以后有崇高的地位。西汉自刘安、司马迁、刘向、扬雄,东汉自贾逵、班固、马融至于王逸,两汉学者均对此书有所训解,至王逸完成《章句》而集其成。尊《离骚》为"经",为后世祖述之士,非屈原意也,《补注》已作说明。然而,《汉书·淮南王传》记载刘安作《离骚传》,则尊《离骚》为"经",其来有自。

对《楚辞》所内含的楚文化和屈原个人这两端来说,尊《离骚》为经,基本把着眼点放在屈原个人身上,对《楚辞》全书的读法,多少有所限制。如果把着眼点着重在楚文化上,重视其他篇目例如《天问》,那么历代《楚辞》的读法也将全部改观。实际上《离骚》《天问》可以并观,作为理解《楚辞》的两

第四章　槎通碧汉（1966—1978）

大纲要。历代读《楚辞》者，往往比较重视《离骚》这一纲要，对《天问》这一纲要比较忽视，此为缺憾。《管锥编》本卷8则论《天问》引《史记·屈原贾生列传》"余读《离骚》《天问》《招魂》《哀郢》，悲其志"，尚见此组合之骨。《楚辞》有此骨在，乃见不可磨灭的精光，虽《诗经》亦不能相掩。

如果将《离骚》和《天问》比较，《离骚》以首句"帝高阳之苗裔兮"发其端，《天问》以首句"遂古之初，谁传道之"发其端。两者之间，前者所认识的是相对可度量的时间，后者所认识的是相对不可度量的时间；前者追溯的是宗族祖先的传承，后者追溯的是人类本身的传承；前者涉及的是可知世界，后者涉及的是不可知世界；其间可以有鸿沟，也可以跳跃（sprung）。读整部《楚辞》，宜兼此两极。

《天问》"遂古之初，谁传道之？上下未形，何由考之？"开篇即从时空问入，这种天问精神，是自然哲学发展的起源，保留着楚文化的重要信息。"遂古之初，谁传道之？"这一问题有着极长的时空数量级，和这一数量级比较，人类文化数千年的发展，对这个问题实质上的了解，进步极微。这个亘古而存的老问题，实际仍然新鲜。读《楚辞》者，宜于此上出焉。

又如果以《诗经》《楚辞》比较，则《离骚》可兼《国风》和《小雅》（《史记·屈原贾生列传》："《国风》好色而不淫，《小雅》怨悱而不乱，若《离骚》者，可谓兼之矣。"）；而在某种程度上，能通《大雅》和《颂》者，似以《天问》为主。《诗经》有"兴观群怨"四用，《楚辞》如执定《离骚》，则

"诗可以怨"之用显而"兴、观、群"三用隐,而《天问》在一定程度上可以呼应其他三用。读《诗经》可以变化其感情,读《楚辞》亦不宜粘滞。《楚辞》一书,充满了种种没有答案的问题,如果能理解并转化这种种问题,那就读活了《楚辞》。

壬、《太平广记》

《管锥编》本卷共215则。总论1则,分论214则。

这部总集专门收集汉代至宋初的野史小说,可与《全上古三代秦汉三国六朝文》《全唐文》卷合观,反映汉至宋初文化和文学的状况。

《管锥编》论《太平广记》云:

> 书仅冠以李昉等表,无序例可按,殊难窥其命名与取舍之故。"太平"易了,"广记"则不识何谓。

按此处"'太平'易了",指《太平广记》修成于宋太宗太平兴国年间,故以"太平"年号冠其首;"'广记'不识何谓",则据《广异记》《卓异记》等书,对取名作了若干推测。按《管锥编》推测颇有理。略感舍近求远。如将《太平御览》和《广记》合观,则此书的序例、命名与取舍之故等疑难,似可迎刃而解。

《太平御览》和《太平广记》是两部同时编纂的大书。《太平御览》(初名《太平总类》,修成后改名《御览》),修纂于太

第四章　槎通碧汉（1966—1978）

平兴国二年至八年（977—983）；《太平广记》修纂于太平兴国二年至三年（977—978）。两书合观，《太平御览》为正，《太平广记》为辅；《广记》取名是否来自广《总类》或广《御览》？《广记》书无序例，仍从李昉等表，推求其取舍之故。李昉《进太平广记表》称："伏以六籍既分，九流并起，皆得圣人之道，以尽万物之情。足以启迪聪明，鉴照古今。"按《御览》思想重在"六籍既分"和"圣人之道"上，以儒为主，兼及释道；《广记》思想重在"九流并起"（汉代的"九流"至唐宋变为"三教"）和"万物之情"上，以释道为主，兼及儒。

《太平御览》一千卷，分五十五部，取《周易·系辞》"凡天地之数五十有五"，以示包罗万象，卷首列《经史图书纲目》凡一千六百九十种。《太平广记》五百卷，分九十二大类，自最初的"神仙"类以下，十二类全为道释的内容，这十二类共一百六十三卷，已占全书的三分之一。全书和释道有关的内容至少还有十六类，约一百余卷，则此类内容已占全书的一半以上。《广记》此一篇幅，和《御览》仅列释道二类为五十五分之二，不可同日而语。卷首列《引用书目》约五百种，多为汉晋至唐宋的野史笔记。《御览》重天地，《广记》重神仙；《御览》重经史，《广记》重小说。两书有这样的分别，《广记》命名和取舍之故，似可推测。

汉末至唐，释道思想互相刺激而发展，大大激发了文学的想象力。此即"汉晋以还志怪搜神之著""蔓延无穷"的原因，《广记》得以编成亦由此而来。释道思想在中国的发展，至宋初已各具整体。在《太平广记》编成前后，宋太祖开宝四年（971）编成第一部汉文大藏经，5048卷。宋真宗大中祥符五年（1012）至天禧三年（1019）修成《大宋天宫宝藏》，4565卷。宋徽宗政和年间又增补成5481卷，为第一部刊印《道藏》。《广记》重在释道，正和此一风气相应。所以南宋朱熹《语类》知太宗读《广记》而不乐（按李昉等《进太平广记表》明言进此书供皇帝观览，则太宗也有可能读《广记》。读《广记》和读《御览》，并不互相排斥），而南宋僧志磐《佛祖统纪》知《广记》而大喜。

又北宋官方编纂前代典籍的"四大书"，当以《太平御览》为主。《太平御览》重在"经"；《太平广记》由九流而三教，重在"子"；又有《文苑英华》一千卷，上承《文选》，重在"集"；《册府元龟》（原名《历代君臣事迹》）一千卷，所采以正史为主，兼及经子，重在"史"。四大书合观，恰当"经史子集"之象，以下表示之：

书　名	卷数	类别	编纂时间	编纂人员	重点
《太平御览》	一千卷	55部	太平兴国二年至八年（977—983）	李昉等	经
《太平广记》	五百卷	92类	太平兴国二年至三年（977—978）	李昉等	子
《文苑英华》	一千卷	37类	太平兴国七年至雍熙四年（982—987）	李昉等	集
《册府元龟》	一千卷	31类	景德二年至大中祥符六年（1005—1013）	王钦若杨亿等	史

第四章　槎通碧汉（1966—1978）

《太平广记》修成后，流传不广。明嘉靖四十五年（1566）无锡谈恺据钞本重刻后，此书才得到广泛的流传。1961 年中华书局以谈恺本为底本，并参考诸本作了校勘，重印了一版，为铅印通行本。1981 年 8 月第二次印刷，4106 页。

癸、《全上古三代秦汉三国六朝文》　严可均辑集，七百四十六卷

《管锥编》本卷 277 则。其中《全上古文》至《全晋文》140 则（第三册），《全晋文》至《全隋文》137 则（第四册），细目详后。这是《管锥编》篇幅最大的一卷。

"总叙"评述"严氏辑集"，辩证此书的辑成乃严可均（1762—1843）之力。引严氏语："唐以前要当有总集，斯事体大，是不才之责也。"

此书的辑集当和《全唐文》的辑集并观。清嘉庆十三年（1808）至嘉庆十九年（1814）开《全唐文》馆，编集成《全唐文》一千卷。当时有名的文人多被邀请参加编集，严氏未受邀请，心有不甘，于是花了二十七年心力，始于嘉庆十三年（1808）终于道光十四年（1834），独自编辑了这部《全上古三代秦汉三国六朝文》，起于上古迄于隋先唐，作为《全唐文》的前接部分。在此书编成以前，唐以前旧集见存者，仅阮籍、嵇康、陆云、陶潜、鲍照、江淹六家，另蔡邕集有宋残本，董仲舒、司马相如、东方朔、扬雄等二十七家有明人辑本。至严氏辑录得三千六百二十家，作者三千四百九十七人，共十五集，合七

百四十六卷,唐以前文始灿然大备。

《全上古三代秦汉三国六朝文》内容延续的时间为上古至隋,如衔接《全唐文》则下延至唐。在这部总集的上古至秦和汉至隋唐两部分之间,《全上古三代文》有十六卷(另有《全秦文》一卷),所占比重不高。这部分内容可与《周易》《毛诗》《左传》《史记》《老子》《楚辞》等卷合观。但是这一部分,受资料所限,可靠内容不多。二十世纪初以来,尤其是中华人民共和国成立以来,考古工作对这一阶段的历史文化有一系列重大发现,面貌焕然一新。对此一部分的内容,已有重加厘定的可能,今姑且仍按严氏辑集阅读。《全汉文》至《全隋文》(另有《先唐文》1卷),为全书主体,基本可信,也是《管锥编》的重点,总体可与《太平广记》合观,部分可与《易林》《列子》等卷以及《史记》《楚辞》的若干篇章合观,以见汉唐间文化发展的主要脉络。《全上古三代秦汉三国六朝文》凡例七言及四部贯通之象①,《管锥编》全书至此卷亦全部打通。凡四部十卷,宜统观之。

《全上古三代秦汉三国六朝文》的编纂,最初的起因是个人和官家的抗衡。严氏穷二十七年的心力,完成这部"挚五厄之散亡,扬万古之天声。唐以前文,咸萃于此"的大事业,既是他个

---

① 《全上古三代秦汉三国六朝文》"凡例七":"是编于四部为总集,亦为别集,与经史子三部必分界限。然界限有定而无定,诏令书檄天文地理五行食货刑法之文出于《书》,骚赋韵语出于《诗》,礼仪出于《礼》,纪传出于《春秋》。百家九流皆六经余润,故四部别派而同源。"

第四章　槎通碧汉（1966—1978）

人的努力，也说明当时民间文化的条件。中国古代社会，在统治阶层的王家文化和民间文化之间，存在着学术思想上的循环：往往消失于上者转移于下，转移于下者又返回于上，而于上下之间的转机，最可重视。如孔子学说由王家文化而来，而终成于民间，即为循环之例。钱氏的名言："大抵学问是荒江野老屋中二三素心人商量培养之事，朝市之显学必成俗学，"[①] 也通此循环之象。《全上古三代秦汉三国六朝文》的编纂，虽然并非最深入的学术思想，却也说明当时的民间文化尚有其力。此书编成后仅六年，中英鸦片战争爆发。鸦片战争以后，中国民间文化的程度逐渐低落，原来的循环已不相通，中国不得不和世界文化牵连，进入更大的循环之中。

《全上古三代秦汉三国六朝文》编成以后，认真通读全书者不很多，《管锥编》本卷当是研读此书的重要成果之一。《全上古三代秦汉三国六朝文》和《管锥编》本卷对应的细目如下：

《全上古》目录	卷　数	《管锥编》细目
全上古三代文	16 卷	1—10
全秦文	1 卷	11
全汉文	63 卷	12—30
全后汉文	106 卷	31—69
全三国文	75 卷	70—101
全晋文	167 卷	102—140
		以上第三册

[①] 《钱锺书研究》第一辑《编委笔谈》郑朝宗引，第1页。

(续表)

《全上古》目录	卷 数	《管锥编》细目
全晋文		141—164
全宋文	64 卷	165—182
全齐文	26 卷	183—190
全梁文	74 卷	191—226
全陈文	18 卷	227—235
全后魏文	60 卷	236—251
全北齐文	10 卷	252—256
全后周文	26 卷	257—267
全隋文	36 卷	268—277
先唐文	1 卷	（无）
		以上第四册

《全上古三代秦汉三国六朝文》，严可均辑成后，没有写成清稿，仅有稿本一百五十六册。光绪年间王毓藻集合人力，用八年功夫，八次校雠，才把它刻印出来。1958年中华书局将原书照相影印出版，共四册，4248页。

《管锥编》初辑的完成和出版，达成了钱锺书成就的高峰，对他的一生有划时代的意义。这一高峰和钱锺书1938年的归国遥相呼应，正见环境虽沧桑变化，他数十年的光阴并未虚度。

《管锥编》是一部规模宏大、内涵丰富的著作，以上从不同角度揭示了若干侧面，它必然还有未曾显示的其他侧面，如何用此书，关键在读者。中国现代文化的发展中，有钱锺书这样的知识分子和《管锥编》这样的著作，是中国现代文化的骄傲。

第五章

群峰之巅（1979—1989）

一、跃上成就的高峰

1976—1978 年，是中国结束"文化大革命"，走入新的历史阶段的转轨时期。钱锺书著作的出版，和这一潮流的变化相关。之前和之后，有完全不同的心境。1976 年，粉碎"四人帮"不久，钱锺书寄赠给友人一首题为《老至》的七律：

> 徙影留痕两渺漫，如期老至岂相宽。
> 迷离睡醒犹余梦，料峭春回未减寒。
> 耐可避人行别径，不成轻命倚危栏。
> 坐知来日无多子，肯向王乔乞一丸？①

友人题解诗意道：

> 那时大局尚未稳定，浩劫初消，余寒犹在，诗中情意消

---

① 郑朝宗《续怀旧》，《海滨感旧集》，第 71 页。

沉，稍加思索，定能理解。就诗论诗，无论从字面或意境看，都力求含蓄妥帖，确已达到老成的境地了。①

这首诗是在中共十一届三中全会之前写的，当时"四人帮"虽然已经被粉碎，但领导层坚持"两个凡是"的方针，在总体上仍然延续旧体制的轨道。直至1978年12月，中共召开十一届三中全会，提出把工作重心转移到现代化建设上来，并采取一系列措施，纠正"文化大革命"的错误，这才出现了真正的转机。《管锥编》的完成（1978年1月）和出版（1979年8月），跨越了这一转折时期，恰和时代的变化相应。在中共十一届三中全会上，一直对钱锺书十分关心的胡乔木，当选了中共中央的副秘书长，他又是中国社会科学院的首任院长，《管锥编》最终能够出版，他起了促进的作用。

钱锺书写上面那首七律时，正值变化之前。"迷离"、"耐可"两联，前者对应客观环境，后者对应主观态度，反映了当时的气氛。钱锺书其时正在写作《管锥编》，"避人行别径"可以联想到他长期坚持独特的人生道路和学术道路，这条"别径"被钱锺书默默登攀，终于踏成一条康庄大道。友人赞叹道："在生平亲炙的师友中，在学术上始终不走弯路的似乎只有钱锺书一人，真是得天独厚啊！"②"不成轻命倚危栏"，当与《孟子》"知命者不立乎岩墙之下"句意相参，指对待时代的敬慎态度，

---

① 郑朝宗《续怀旧》，《海滨感旧集》，第72页。
② 郑朝宗《续怀旧》，《海滨感旧集》，第70页。

与"不走弯路""行别径"的勇气相辅相成。首联和尾联,自具辩证。首联寓有钱锺书的人生感慨,即《〈管锥编〉自序》的"学焉未能,老之已至",而《自序》的"假吾岁月,尚欲赓扬",又呼应着尾联的积极乐观精神。友人评曰:"他一生体羸多病,几十年前曾陷入危境,可是从来没见他露出惊恐的神态。可知他对生死一关早已看透,这也是令人衷心敬佩的一点。"① 这也是有所修养的人对待生死的豁达态度。这首诗和《管锥编》的写作呼应,有着确实的内涵,所以能安然度过转折,相应新时代的变化。《管锥编》出版后,钱锺书意气发舒,在精神上步入了新的阶段,有"从心所欲"之象。

首先是钱锺书在中国以至世界的学术界重新露面。1978年9月,钱锺书参加以中国科学院副院长许涤新为团长的中国学术代表团,赴意大利奥尔蒂赛参加欧洲汉学家第二十六次会议,并在大会上作了《古典文学研究在现代中国》的发言。钱锺书在发言中指出:"古典诚然是过去的东西,但我们的兴趣和研究是现代的,不但承认过去东西的存在,而且认识到过去东西里的现实意义。"他又指出:"北京附近那样世界闻名的古迹,卢沟桥即西方所称的马可波罗桥下,也流过好多水了。中国和意大利、和欧洲也不再隔绝了。"② 这里仍然表现出对时空的把握,体现着坚强的上出之力。在这次汉学会上,他还分别会见了三位把《围

---

① 郑朝宗《续怀旧》,《海滨感旧集》,第72页。
② 钱锺书《古典文学研究在现代中国》,《钱锺书研究》第二辑,第4页,第7—8页。

城》译成法、捷、俄文的译者。① 这是钱锺书在欧洲学术界的重新露面。

1979年4月至5月,钱锺书又参加以中国社会科学院副院长宦乡为团长的学术代表团赴美国访问,穿越美国东、西海岸,访问了哈佛大学、耶鲁大学、哥伦比亚大学和加利福尼亚大学伯克利分校等著名大学。在西海岸的哥伦比亚大学,钱锺书会见了相隔数十年未见面的老友夏志清。劫后重逢,彼此欣喜。夏志清衷心崇敬钱锺书,他在六十年代初的英语著作《中国现代小说史》中,写有"钱锺书"专章,高度推许《围城》,开了世界各地研究钱锺书的风气②;在东海岸加州大学伯克利分校的发言会上,钱锺书回答了教授们的轮番提问,钱锺书的儒雅风流和机智,给了与会者极深的印象。论者比拟为诸葛亮舌战群儒,真是"羽扇纶巾谈笑间,强虏灰飞烟灭"! 校园里纷纷相传:"魔鬼夜访"过的钱锺书先生来了!③ 这是钱锺书在美国学术界的重新露面。

1980年冬,钱锺书赴日本访问。他在京都大学回答了各种提问。④ 又在早稻田大学文学教授座谈会上宣读了论文《诗可以怨》。这篇文章的结语说:

> 我们讲西洋、讲近代,也不知不觉中会远及中国,上溯

---

① 茅国权《〈围城〉英译本导言》,《钱锺书研究》第一辑,第252页。
② 夏志清《重会钱锺书纪实》,《钱锺书研究》第二辑。
③ 水晶《侍钱"抛书"杂记》,《钱锺书研究》第二辑。
④ 孔芳卿《钱锺书京都座谈记》,《钱锺书研究》第二辑。

第五章　群峰之巅（1979—1989）

古代。人文科学的各个对象彼此系连，交互映发，不但贯穿国界，衔接时代，而且贯穿着不同的学科。①

钱锺书在《管锥编》中采用的方法，这段结语可以说是最好的揭示。这是钱锺书在日本学术界的重新露面。

以上种种活动是钱锺书的光芒外射，光芒外射的核心在于1979年出版的《管锥编》。而《管锥编》的出版，又以1978年《〈大公报〉在港复刊三十周年纪念文集》中选录的《管锥编》五篇为前茅。这是钱锺书在中国乃至港、台等地的重新露面。以《管锥编》为基石，钱锺书重新出现了。

其时，伴随着《管锥编》的出版，钱锺书一系列其他著作也相继出版或重印，逐渐形成了蔚为大观的钱锺书著作系统，产生了相联以观的趋势。②在这个著作系统中，每个部分都互相联系，互相映照，彼此之间难以分割。钱锺书在《管锥编》之《毛诗》卷37则引用释典"以镜照镜"之喻，所谓"以八圆镜各安其方"，"使其形影，重重相涉"，《谈艺录》补订本引谭峭《化书》"镜镜相照，影影相传"③，实际上已经指出了这一著作

---

① 钱锺书《七缀集》，第113页。
② 钱锺书此一时期出版或重印的著作，除了《谈艺录》补订本（中华书局，1984）和《七缀集》（上海古籍出版社，1979）之外，尚有《旧文四篇》（上海古籍出版社，1979）、《管锥编增订》（中华书局，1982）的出版，《宋诗选注》（人民文学出版社，1979）、《围城》（人民文学出版社，1980）、《写在人生边上》《人·兽·鬼》（福建人民出版社，1983）的重印，以及1989年《钱锺书论学文选》（广东花城出版社）和《钱锺书研究》（文化艺术出版社）中刊载的《管锥编》《谈艺录》增补手稿等。
③ 钱锺书《管锥编》第113页，《谈艺录》第371页。

系统的形象。论者指出：整个钱氏档案是种"互文"（intertextal）关系，每一部著作从其中来，又返回其中，丰富了库藏。① 在钱锺书著作系统中，《管锥编》这部跨文化领域著作的存在，改变了包括《谈艺录》和《围城》在内其他早年著作的读法，这也是后来事物影响先前事物的例证。钱锺书《管锥编》和其他著作的出版，在社会上大受欢迎。

1981年10月，钱锺书在和张隆溪的谈话中说：

> 比较文学的最终目的在于帮助我们认识总体文学（littérature générale）乃至人类文化的基本规律，所以中西文学超出实际联系范围的平行研究不仅是可能的，而且是极有价值的。这种比较唯其是在不同文化系统的背景上进行的，所以得出的结论具有普遍意义。②

和《管锥编》相应，钱锺书这段谈话也是他成熟的思想境地。谈话中的关键词"总体文学"、"人类文化的基本规律"、"平行研究"等，都和《管锥编》的总体思想紧密相连。钱锺书并不认为自己从事的是比较文学研究，他的治学早已自成一家，但他的这些见解仍然对比较文学有一定的指导意义。十九世纪以来，比较文学的法国学派注重影响研究，美国学派注重平行研究，注重总体文学的中国学派如果真能综合两者之长而继起发展

---

① 赵一凡《"围城"的讽喻和掌故》，《读书》1991年第3期。
② 张隆溪《钱锺书谈比较文学和"文学比较"》，《读书》1981年第10期。

的话，钱锺书的《管锥编》及其基本观点具有相当的参考价值。

1982年，钱锺书被任命为中国社会科学院副院长，这个职务实际与《管锥编》的文化形象有关。钱锺书担任这一职务，主要代表的是中国社会科学院的国际学术形象，其职责是文化礼仪性的，而不是行政性的。社科院领导也了解钱锺书，不让过多的行政工作干扰他的治学。钱锺书任职后，主持过一些重要的国际学术会议：例如1983年11月的中美比较文学学者双边讨论会，1986年10月的"鲁迅和中外文化"国际学术讨论会等，并致开幕词。他的出席为会议增色。在钱锺书担任社科院副院长职务之前，曾经有过由他担任文学所名誉所长的提议。但是《管锥编》的治学范围遍及古今中外，非文学能够局限，后一职务显然是不相应的。

1986年4月，钱锺书在寓所接受中新社香港分社记者访问时，发表了他对诺贝尔文学奖的看法：

"萧伯纳说过，诺贝尔设立奖金比他发明炸药时对人类危害更大。当然，萧伯纳自己后来也领取这个奖的。其实咱们对于这个奖不必过于重视。"他说："只要想一想，不讲生前的，已故得奖人里有黛丽达、海泽、倭铿、赛珍珠之流，就可见这个奖的意义是否重大了。"在谈到博尔赫斯因拿不到诺贝尔奖金而耿耿于怀一事时，钱说："这表明他对自己缺乏信念，而对评奖委员会似乎又太看重了。"[①]

---

① 《文艺报》1986年4月5日。

诺贝尔奖确实有其深厚伟大的一面，它呼应着人类大同理想，有着自己的目标指向，即诺贝尔遗嘱所谓"理想主义倾向的最优秀作品"，但也存在着种种弊端和失误。钱锺书在这里谈到对诺贝尔文学奖的看法，表明了他和当今世界最著名文学奖项之间的相应不相应关系。事实上，诺贝尔文学奖的目标指向与钱锺书的成就和兴趣并不完全一致，钱锺书的长处在其他方面。论者指出：如果在诺贝尔文学奖之外，又设立诺贝尔才学奖，颁给出众的才人兼学人，那么钱锺书应为世界首选，可无疑义。[1] 国外也有人指出：如果把诺贝尔文学奖授予中国作家的话，只有钱锺书才能当之无愧。[2] 两种说法合并而观，似乎以前一种观点较长，然而后一种观点也有一定意义。钱锺书的看法也表明了他对这一奖项的淡然态度。淡然是应该的，人类文化和文学的发展有着极其光彩的内容，感受其间的光彩并与之相联相应，本身就是某种程度的报偿。任何评奖，包括诺贝尔奖在内只是对光彩的追赶或者追认罢了，何况诺贝尔奖往往会认错事实，有扑空之举呢。钱锺书所谓"不必太看重"极是，博尔赫斯似乎胸襟太狭窄了。

论者指出：这时候钱锺书给人的感受，确实已是妄心全息，不做"黄粱美梦"，无嫉妒之心，他总是把个人的成就、威望置

---

[1] 梁锡华《当时年少青衫薄》，台湾《联合文学》5卷6期，1989年4月。
[2] 〔法〕阿兰·帕诺伯《钱锺书的作品在法国》引西蒙·莱斯语，原文载法国《世界报》，译文见《编译参考》1987年第6期，燕汉生译。

之度外，从来不摆出一副大学者的派头，令人望而生畏，难以接近。① 在八十年代以后，中国社会逐渐认识了钱锺书。钱锺书此时虽然担任了一部分社会公职，出版了一部分学术著作，但是环境并没有改变他，他仍然步步踏实地走着自己独特的人生道路。

---

① 吴忠匡《记钱锺书先生》，《钱锺书杨绛研究资料集》，第69页。

二、"吾犹昔人,非昔人也"(上)
——《谈艺录》补订本

在完成划时代著作《管锥编》之后,钱锺书还有相当大的写作计划。最大心愿当然是完成《感觉·观念·思想》和《管锥编》续辑,作者所谓"续吐胸中未尽之奇"[1],这两部书当为主要。然而,一方面可能由于两部书内容浩繁,难以急就,另一方面也可能由于作者持盈保泰之心,不太想让它们过早问世,即《读〈拉奥孔〉》所谓避去"顶点"。[2] 这两部书至今没有出版。

这一时期完成的,是其他三种著作:一、《管锥编》增订;二、《谈艺录》补订;三、《七缀集》。作者对《管锥编》的增订先后进行了两次(1981,1989),以后结集成了《管锥编》第五册(1991),由于此书超越了本章的时间范围,内容另外讨论。《谈艺录》补订本(1984)和《七缀集》(1985)则是此一时期

---

[1] 钱锺书致柯灵,转引自柯灵《促膝闲话中书君》,《读书》1989年第3期。
[2] 钱锺书《读〈拉奥孔〉》:"挑选全部'动作'里最耐寻味和想象的'片刻',千万别画故事'顶点'。"《七缀集》,第41页。

第五章　群峰之巅（1979—1989）

的最重要著作。这两部分不仅对《管锥编》形成补充烘托之势，使钱锺书著作系统深厚、圆实，而且纵贯钱锺书学术活动的前、中、后三期，有比较重要的意义。

在《谈艺录》补订本和《七缀集》前，钱锺书一度还有过《旧文四篇》（1979年出版）和《也是集》（1989年出版）的编集。两种书中，《旧文四篇》是作者自选的四篇"旧"白话论文，内容属第一、二期，《也是集》上半部是三篇"新"白话论文，下半部是《谈艺录》新本的摘选，内容属第三期。两书在写作时间上，或偏前或偏后，均处于未安定状态。由此在1984年和1985年先后有了《谈艺录》补订本和《七缀集》的出版。

《谈艺录》补订本以1948年版旧本为上编，以1984年版补订为下编（《也是集》下半部摘选于此），上下编相辅，由是纵贯三期。《七缀集》也内含前后两部分：前半部即《旧文四篇》，后半部为三篇新文（即《也是集》上半部），前后两部分相辅，也由是纵贯三期。《谈艺录》补订本和《七缀集》这两部著作一建立，原来偏而不全的《旧文四篇》和《也是集》均获得归宿，化入两书而得到稳定。《谈艺录》补订本和《七缀集》，构成了钱锺书第三期写作的主要形象。这里先介绍《谈艺录》补订本。

《谈艺录》原书于1948年出版，1949年再版而止。此后海外盗版勿绝，而大陆一直没有重印过。1965年，北京的中华书局、人民文学出版社以及上海古籍出版社向作者谋求重印，都被钱锺书婉言拒绝。钱锺书后来在补订本《引言》中，自称在学术上对此书有相当的不满意：

自维少日轻心，浅尝易足，臆见矜高；即亿而偶中，终言之成理而未澈，持之有故而未周。词气通侻，亦非小眚。壮悔滋深，藏拙为幸。故余后来论文有作，未尝稍及此书。

前面说过，在 1949 年以后，钱锺书不再满意《围城》和《谈艺录》，对遗失《百合心》手稿也毫不足惜，既表明了不愿停留于旧著的上出之心，客观上也是极其有益的。钱锺书在《管锥编·增订》中引用席勒一首小诗云："最有善政之国家正如最有淑德之妇女，均悄然不引人谈论。"① 杨绛欣赏庄子"陆沉"，爱读东坡"万人如海一身藏"之句②，均内含着相当深沉的处世态度。钱锺书不愿重提旧作，也是这种态度的自然延伸。如果考虑到 1965 年前后的政治文化形势，钱锺书对《谈艺录》重印的婉拒，更为有益。但是，《谈艺录》写作时间长达十年，毕竟是一部现代有关诗文评的杰构，社会不可能完全忘记它，钱锺书本人也没有真正"忘本"。在《管锥编》完成以后，对《谈艺录》进行补订的条件已经成熟，剩下的仅仅是时机问题了。

《谈艺录》修订的准备可能开始得相当早，而具体着手应当在《管锥编》完成以后。1981 年，一位香港作家访问钱锺书，看到钱锺书在《谈艺录》旧本的不少篇章中，都用蝇头小字密密麻麻地写着改订文字。③ 这说明《谈艺录》的修订实际上早就

---

① 钱锺书《管锥编》第五册《增订二》，第 184 页。
② 杨绛《隐身衣》，《将饮茶》代后记，第 183 页。
③ 彦火《钱锺书访问记》，《钱锺书杨绛研究资料集》，第 39 页。

第五章　群峰之巅（1979—1989）

开始了，只是因为时间、精力的限制，短时间内还不能完成。后来由于多种原因，钱锺书感到有此需要，于是在长期积累的基础上，在完成《管锥编·增订》前后的一二年内一气呵成地完成《谈艺录》的补订（书中有参观《增订》语）。《谈艺录》补订本的完成，对钱锺书著作系统有着特殊的意义。

《谈艺录》补订本"引言"：

> 乃稍删润原书，存为上编，而逐处订益之，补为下编；上下编册之相辅，即早晚心力之相形也。僧肇《物不迁论》记梵志白首归乡，语其邻曰："语犹昔人，非昔人也。"兹则犹昔书，非昔书也，倘复非昔书，犹昔书乎？

《谈艺录》全书共 622 页，上编为 1—312 页，下编为 313—622 页，两部分篇幅略等，各约二十余万字。《谈艺录》原书和补订之间，前后相距三十五年，是作者写作时间延续最长的一部书。"引言"所说的"早晚心力之相形"，就是两部分之间的相形。两部分篇幅的相形和平等，虽是自然，也是作者能顺其自然。如果没有完成《管锥编》后的功力存在，这一平等的形成，不会如此容易。《谈艺录》补订本下编的"补订"，处处订益上编，又时时参观《管锥编》，并旁及《宋诗选注》《旧文四篇》及《管锥编·增订》等。订益上编，使《谈艺录》全书厚实。参观《管锥编》及《宋诗选注》等，使钱锺书著作系统厚实。

在《谈艺录》补订本完成之前，钱锺书以文言写作的两部理论著作的次序是《谈艺录》《管锥编》，两者的次序为顺，体现了一种发展。《谈艺录》补订本完成以后，两部著作的次序已为《管锥编》《谈艺录》，两者的次序为逆，体现了一种跳跃（sprung）。而逆的目的也就是完成高一层次的顺：钱锺书理论著作以《管锥编》为主，《谈艺录》为辅，《管锥编》由先秦至唐，《谈艺录》由宋至清，由此形成对中国文化和中国文学的总体认识，产生自然的连续。

《谈艺录》补订本上下编之间的"相形"，有同有异。上下编之间的论述范围及其文献依托有其"同"，这一论述范围，以作者在《也是集》中自选的14则为例，可见其概貌：

1.关于黄庭坚《谢送宣城笔》诗；2.关于山谷内外集补注；3.关于黄遵宪诗；4.关于王国维论《红楼梦》；5.关于八股文；6.关于李贺言笔补造化；7.关于严羽以禅说诗；8.关于明末诗派；9.关于蒋湘南与龚自珍诗；10.关于韩愈杂诗；11.关于梅尧臣咏马厩猢狲诗；12.关于堵廷棻论诗文立宗开派；13.关于袁枚评浙派用替代字；14.关于常州派论词。

如果把前章勾勒的《谈艺录》大纲和这里的十四则对照，可以见出由韩愈（10）、李贺（6）、黄庭坚（1，2）、梅尧臣（11）而至龚自珍（9）、黄遵宪（3）、王国维（4），以及由严羽（7）、袁枚（13）以及其他（5，8，12，14）。新、旧版之

第五章　群峰之巅（1979—1989）

间，基本论述范围依然一贯。而作者补订旧作时，又重温了当年所读的那些文集①，知上、下编之间文献依托也主要在唐、宋以后。以上、下编此类之同为衬托，可进一步见其异。

《谈艺录》补订本之"异"体现在上、下编之间（《引言》"逐处订益之，补为下编"）；深入一步，甚至体现在《谈艺录》原书和新版上编之间（《引言》"乃稍删润原书，存为上编"）。《谈艺录》补订本上编的"乃稍删润原书"，主要在标题和文辞两方面。旧版《谈艺录》标题有种种细目，新版《谈艺录》进行了删削，并把全书标题订为91则。这一删削，既使外观突出醒目，又使每则内容浑厚含融，全书由此显出大体。删润文辞，使其更为精美，但也涉及思想，即使是微小的改动，往往也体现认知的深化。

旧版《谈艺录》结束语："知同时之异世，识并在之歧出，于孔子一贯之理，庄生大小同异之旨，悉心体会，明其矛盾，而复通其骑驿，征文考献，庶有豸乎。"而新版这段话的末句被改成"庶可语乎文史通义乎"，此一改动，已经是晚年成熟的思想境界，不仅意义上的显明醒豁而已。

旧版《谈艺录》原书转为补订本的上编，上编稳实，下编也得以自然附益。新、旧版之间尚有其他调整，如旧版"补遗"中征引《奥义书》陶炼生金之喻和西洋剥葱之喻，本应归入上

---

① 《谈艺录》补订本第392页："因勘订此书，稍复披寻雁湖诗注，偶有所见，并识之。"第475页谓："因勘订此书，复检遗山诗，偶有弋获，并识之。"第507页："重订此书，因复取《宛陵集》读之，颇有榛芜之叹，增说数事。"

编，但补订本将其扩展后引入下编。①《奥义书》陶炼生金以求纯净，即百炼钢化为绕指柔也。西洋剥葱之喻，似可相关《百合心》的题旨，层层剥揭，内蕴核心，了不可觅，此破文字障乎？作者胸有全局，对原书作的调整，皆极整饬。

《谈艺录》补订本对下编的"逐处订益"当逐处研究。其中有多处纠正，常有自我批评语。青年时代想象的"晚节思虑深沉"②、"瓯北晚岁论诗，矜卓都尽"③，此时都已亲身体味。补订本347页谓："评黄公度诗一节，词艺率略，鄙意未申。吴雨僧先生颇致不满，尝谓余曰：'新学而稍知存古，亦大佳事。子持论无乃太苛乎。'先生素推崇公度，曩在清华大学外语系讲授中国旧诗，以公度之作为津梁。余事不挂心，鬼来攫口，悚谢而已。"495页谓："此余二十二岁时浅见妄言，石遗丈恕其稚骏，姑妄听之耳。"如此等等，这里有着深刻的自我批评精神。作者由早年的《谈艺录》到达晚年的《管锥编》，又从《管锥编》到达《谈艺录》补订本，这种深刻的自我批评是不断上出的动力。

钱锺书早年在治学之始，即走一条探索中西文化和文学的道路，于前辈学者均有所继承，又有所超越，独辟蹊径，起点极高，而于晚年归束于一定程度的自省、自觉。《谈艺录》364—365页征引希腊大史学家修昔底德（Thucydides）的言论。评曰：

---

① 《谈艺录》补订本，第600—601页。
② 《谈艺录》补订本，第1则，第4页；第38则，第132页。
③ 《谈艺录》补订本，第1则，第4页；第38则，第132页。

信不自欺而能自知者。行之匪艰，行而自省之惟艰，省察而能揭示之则尤艰。古希腊人论学谈艺，每于当时为独觉，于后代为先觉，此一例也。

《管锥编·增订》4页引黑格尔《精神现象学》"自发"（an sich）之明，进为"自觉"（für sich）之融，《谈艺录》补订本439页引恩格斯《反杜林论》诠黑格尔"自由即规律之认识"。由《谈艺录》《围城》"三十而立"的境界，到达《管锥编》《谈艺录》补订本"七十而从心所欲不逾矩"。这里的自知自识，已属证境，没有相当程度的自省、自察、自觉，不可能有这样的见地。"众里寻他千百度，蓦然回首，那人却在灯火阑珊处"，由此向上无穷，当更有进境，宜深入体认之。

《谈艺录》补订本有重要的意义。在《谈艺录》补订之前，它和作者的其他著作是不相通的，至少在作者的主观意愿上是不相通的，故后来论文有作，未尝稍及此书。但是补订之后，《谈艺录》不仅本身大见厚实，而且其位置已从《管锥编》之前转到《管锥编》之后，贯通之势形成了。

三、"吾犹昔人,非昔人也"(下)
——《七缀集》

钱锺书在完成《谈艺录》补订之后,又编成了《七缀集》,七篇连缀。《七缀集》在编成前经历过两次结集:前四篇结集为《旧文四篇》,后三篇结集为《也是集》的上半部。1985年,钱锺书把两部分合成《七缀集》,他的白话论文由此纵贯三期,形成整体。《七缀集》是钱锺书白话论文的代表作,有独立之势。

钱锺书早年在写作《谈艺录》的前后,有过编集白话论文的设想。《谈艺录》初版"前记"中谈及这一意向:

> 年来论诗文专篇,既多刊布,将汇成一集,即以诗话为外编,与之表里经纬也可。

这里的"诗话"指的是《谈艺录》,"论诗文专篇"指的是早年有关论文,"表里经纬"指的是两方面的呼应。钱锺书早年论诗文专篇颇多,《谈艺录》第六则提到过其中一篇:"余尝作文论中国文评特色,谓其能近取诸身,以文拟人;以文拟人,斯形神一贯,文质相宣矣。举证颇详。"这里"余尝作文"指的是1937年作者在牛津时寄回国内发表的论文《中国固有的文学批评的一个特点》。文章所举的"近取诸身"诸例,恰可与《谈艺录》的论题相参。

这些"论诗文专篇"数量虽然不少,但是最终没有如愿"汇成一集",是因为"诗话"《谈艺录》在延续十年的写作过程中,逐渐丰厚,已经自然成体,不能充当原来计划中的"外编"了。而原来计划编成"内编"的"论诗文专篇"也因此相形薄弱,对自己要求极为严格的钱锺书,已经不愿让它们成集了。而这一成集意愿,延迟到了四十年以后才得以实现。

这是一个有着时间跨度的编集,作者在保存于《七缀集》中的《旧文四篇》原序中说:"这次编集时,我对各篇或多或少地作了修改,第一篇的改动最多,但是主要论点都还没有变换。它们仍然是旧作,正像旧家具铺子里的桌椅床柜等等,尽管经过一番修缮洗刷以至油漆,算不得新东西的。"然而,"吾犹昔人,非昔人也",这个四十年后才完成的编集中保存的不同时期文字,仍然表示了晚年成熟的思想内容。钱锺书在把它们编定成《七缀集》时,都采用了改定本[1],显示了作者对学术无比认真的态度。然而《七缀集》在编成后更有其整体意义,在牝牡骊黄

---

[1] 《七缀集》后三篇文章在题注中都用了"这是改定本"的字样。前四篇文章虽然作者没有自注为改定本,但作者在《七缀集》序中称"借机会把前四篇大大改动了一下",实际上也已经是改定本了。

之外。

在钱锺书的主要理论著作中，《管锥编》和《谈艺录》是用文言文写作的。为什么采用文言文，作者自述一来是它们都是在难以保存的年代写的，二来也是想检验一下旧文体有多少弹性可以容纳新思想。[1] 钱锺书这一设想是成功的，《管锥编》和《谈艺录》确实思虑深沉，文辞粹美，文辞和作者的思想已密不可分，如钱锺书引席勒诗所谓艺术高境内容尽化为形式[2]。读这两部书，当然应该在文言文中品味它们的精粹。然而作者是否有意想检验一下新文体有多少弹性可以容纳新思想呢？当然这种新思想必须包含西文和文言文的内容，这就必须读《七缀集》了。而且《管锥编》《谈艺录》内容浩繁，是涉及面极广的大著作，而《七缀集》反而相对集中，内容单纯清晰，正可以看出作者纵贯三期的思路所在。

《管锥编·增订二》引十九世纪德国诗人名篇谓"物之美者，发光自得"，以为谈艺之微言妙谛。[3]《七缀集》精美短小，不仅可以作为《管锥编》《谈艺录》的提炼和总结，也是作者单篇论文的结晶。这里对《七缀集》的思路作尝试性的分析。

《七缀集》包括七篇文章，七篇文章次序如下：

《中国诗和中国画》　　　　　　　　　　　　（1940，1947）

---

[1] 作者自述，转引自柯灵《促膝闲话中书君》，《读书》1989年第3期。
[2] 《管锥编》第1312页，《谈艺录》第334页。
[3] 《管锥编·增订二》，第五册，第103页。

第五章 群峰之巅（1979—1989）

《读〈拉奥孔〉》　　　　　　　　　　　　（1962）

《通感》　　　　　　　　　　　　　　　　（1962）

《林纾的翻译》　　　　　　　　　　　　　（1964）

《诗可以怨》　　　　　　　　　　　　　　（1981）

《汉译第一首英语诗〈人生颂〉及有关二三事》（1982）

《一节历史掌故、一个宗教寓言、一篇小说》　（1983）

《七缀集》纵贯三期，结集后自成整体，和单篇论文有所不同。以上所列为《七缀集》的次序（前四篇和《旧文四篇》的次序同），与单篇论文发表时的次序并不全同，主要的变换在于《读〈拉奥孔〉》和《通感》。这两篇文章原来发表时的次序是《通感》在前（《文学评论》1962年第1期），《读〈拉奥孔〉》在后（《文学评论》1962年第5期）。而收入《旧文四篇》和《七缀集》时，它们的次序被调整为《读〈拉奥孔〉》在前，《通感》在后了。作者在《旧文四篇》和《七缀集》前四篇的题解中，没有标出原刊的期数，把改变的痕迹消泯了。

从这一事实出发，可以推想作者在搜编单篇论文成集时，确实可能有编排体例上的考虑。《七缀集》以七篇文章纵贯三期，包含作者自觉和不自觉的思路在内，由于这一思路在《管锥编》和《谈艺录》中没有直接显出，所以标示《七缀集》这一思路，也可为《管锥编》和《谈艺录》提纲挈领。

《七缀集》七篇文章可分三期：四十年代的《中国诗和中国画》为第一期，六十年代的《读〈拉奥孔〉》等三篇为第二期，八十年代的《诗可以怨》等三篇为第三期。相联以观，即显出意义。

《中国诗和中国画》是《七缀集》中发表时间最早的论文，也是作者在三十余年以后自己承认的第一篇成熟的论文。如前所述，钱锺书早年"论诗文专篇"颇多，为什么在成集时单单选取了《中国诗和中国画》一篇呢？这篇文章最初发表在《国师季刊》（1940）和《责善半月刊》（1941）上，以后又收入《开明书店二十周年纪念文集》（1947），多次发表，一再修订，可见作者当时对它就颇为重视。为什么重视？似乎和《谈艺录》有关。前面说过，钱锺书写作《谈艺录》的最初动机，是把它作为论诗文专篇的"外编"的，但是《谈艺录》完成后，其思想和内容提高极大，已经不可能成为这些论文的"外编"了。不仅如此，即使把这些论文作为《谈艺录》的"外编"，也已经不完全相称了。在这种情况下，有深度而能相称于《谈艺录》的白话论文，唯有《中国诗和中国画》。《谈艺录》91则"论难一概"可代表旧版全书的结论，此则最后一例称"诗画一律，人之常言，而吾国六义六法，标准绝然不同"[1]，《谈艺录》的题中未尽之义，为《中国诗和中国画》所揭示。故《中国诗和中国画》，可相应旧版《谈艺录》的结论，也和全书"识诗意"的宗旨相通。《七缀集》以《中国诗和中国画》志始，标示了作者单篇白话论文的起点。

---

[1] 《谈艺录》补订本，第303—304页。又"六义"可参见《管锥编》第57—65页，"六法"可参见《管锥编》第1352—1366页。

《中国诗和中国画》是四十年代的作品，五十年代是长长的停顿，而到了六十年代，作者接连发表了《通感》《读〈拉奥孔〉》《林纾的翻译》等三篇论文。钱锺书在结集时调整其中的次序，将《读〈拉奥孔〉》移至《通感》之前，于是在编集时以《中国诗和中国画》和《读〈拉奥孔〉》并列为首：前者论诗画关系，着眼点在中国，后者再论诗画关系，着眼点在西方。前者并观诗画批评标准，后者强调诗尤胜于画，更突出作者内心的祈向。两篇文章在开首都有一篇"楔子"的文字，一谈文艺批评史，重视传统不肯变而又不得不变的相反相成现象；一谈文艺批评史料，重视诗词、随笔里，小说戏曲里，乃至谣谚和训诂里往往无意中三言两语说出的精辟见解。两节合观，正可以见出作者不大正面谈起的文艺批评观。两篇并列，有天然相联之妙。如果《通感》在前，《中国诗和中国画》和《读〈拉奥孔〉》并列间所显出的种种信息，将全部涣散；所以《读〈拉奥孔〉》必移至《通感》前。

　　《中国诗和中国画》与《读〈拉奥孔〉》两篇并列建立大节，于是《通感》转入揭示"感觉挪移"这种特殊心理现象，仍然和诗画打通问题呼应。钱锺书一生都重视修辞机趣，在《通感》中得到了最为淋漓尽致的表现。在《通感》转折之后，《林纾的翻译》则锁住前四篇，开拓了新题材。作者论断比较文学首先要从清理各国间的文学关系入手[1]，这篇文章成功地体现了作者本

---

[1] 张隆溪《钱锺书谈比较文学和"文学比较"》，《读书》1981年第10期。

人的实践。此外，本篇又是作者提出翻译理论的名篇，而翻译理论以"化"为最高境界，其实也和"通感"心理有关。所以《七缀集》前四篇文章即所谓"旧文四篇"，内容均已浑涵一气，然后可转入《七缀集》后三篇文章。

《诗可以怨》是钱锺书1980年访问日本时在早稻田大学文学教授恳谈会上的演讲稿，也是他完成《管锥编》后的第一篇论文。它是比较诗学最出色的论文之一，也是《旧文四篇》转为《七缀集》的关键。《旧文四篇》往往围绕诗谈，《七缀集》此篇直接谈诗了。在传统诗学"兴观群怨"四用中强调"诗可以怨"，在刚刚结束"文化大革命"的当时，有一定的时代意义。文章的展开，由《论语》而至司马迁，由司马迁而至刘勰、钟嵘，由刘勰、钟嵘而至宋金元，内在线索极为整饬。这种整饬当然和《管锥编》的完成有关，作者到达自由境地了。

第二篇《汉译第一首英语诗〈人生颂〉及有关二三事》是根据作者在1948年发表过的一篇英语文章的大意写的，作者自述当时曾计划写一本论述晚清输入西洋文学的小书，这篇文章是书中的片断。[①]《人生颂》在最初的写作时间上与《中国诗和中国画》接近，而在内容上则与《林纾的翻译》接近，追了清末翻译文学的根。也许《人生颂》和《林纾的翻译》都跟钱锺书

[①] 钱锺书《"走向世界"丛书序》回忆过这件事："差不多四十年前，我用英语写过关于清末我国西洋文学的片断，曾涉猎过叔河同志引述的《游记》《旅行记》《漫游日录》等等，当时这一类书早是稀罕而不名贵的冷门东西了。"《读书》1984年第6期。参见《人生颂》题解，《七缀集》第117页。

早年的小书有关，《人生颂》是根据已成的片断写的，《林纾的翻译》是根据未成的片断写的。《林纾的翻译》要比《人生颂》原稿进步，重写后的《人生颂》完成稿又比《林纾的翻译》进步，逐步由显入微。

《七缀集》最后一篇是《一节历史掌故、一个宗教寓言、一篇小说》，这篇文章不是《七缀集》中最重要的文章，但在思路上有重要的意义。文章是三种内容的比较：一节历史掌故取自希腊希罗多德的《史记》，一个宗教寓言取自印度佛典中《生经》第十二篇《舅甥经》，由希罗多德而至意大利16世纪邦戴罗的一篇小说，下及德国19世纪海涅的故事诗，由《生经》经西晋三藏竺法护的翻译而入中国。文章的源头是古希腊史籍和印度佛典的文字因缘，这里的实质已不仅是《谈艺录》序中所说的"二西"，用欧洲和印度文献来印证中华文献，所重视的已是"二西"之间本身的贯通。这一思路打破了《管锥编》《谈艺录》的原有格局，是作者治学所达到的最高点。由此七日来复，见出整个系统的生气。

结语

中国现代文化和钱锺书

一、中国现代文化和钱锺书

中华文明源远流长。考察文字记录的历史，约有先秦、两汉、魏晋南北朝、隋唐、宋元、明清以及现代这样几个阶段。清以前属中国古文化，清以后进入中国现代文化。在中国古文化中，先秦、两汉为一个阶段，先秦文化的自由发展最为灿烂，两汉则经学渐成。魏晋、隋唐、宋元这一阶段，中国文化和印度文化互相冲突、吸收、印证，隋唐为高峰。明清至今的阶段有其共同特点，这是东西文化互相交流、互相认识的阶段，也是认识世界文化并且重新认识中国古代文化的阶段。这个阶段还在继续，二十世纪正是其中的转折点。历史走到今天，二十世纪只剩下最后十年了。对于我们的民族来说，一百年的时间不会白过，遭受的灾难，经历的痛苦，面临的机遇……留给我们深重的思考。二十世纪行将结束，回顾所经历的种种苦难和矛盾，成就与经验，不是没有意义的。

在二十世纪的范围中考察现代这一概念，包含着政治和文化的双重坐标，那就是1911年的辛亥革命和1917年的新文化运动。两场革命既是中国社会历史发展的结果，也是外来文化促进的产物。有着巨大历史功绩的辛亥革命，其意义不仅在于推翻清朝的统治，而且在于推翻两千年的帝制。"五四"运动的意义，也不仅在于推翻清末的腐朽文化，而且在于推翻两千年封建文化。对辛亥革命和"五四"运动的功过是非，可以有不同的认识。但是，它们毕竟划出了时代，之前和之后，文化气氛判然有别。在这一历史环境中，中国几代学者，有着自身的追求和努力。理解钱锺书的学术成就及其人格，应该放在这样的时代背景下来考察。

中国现代文化和中国现代文学相互关联，在这一领域内，有着几代知识分子的努力，也有些作出了坐标性成就的人物。在新文化运动以后第一代知识分子中，应该有鲁迅、胡适等人，而在第二代知识分子中，则应该有钱锺书。"五四"以来，我国思想界、文化界、学术界学贯中西，又精通古今的学人不多，鲁迅是一位，钱锺书也是一位。在中国的文化学术界中，鲁迅等人的研究开展得较早，钱锺书研究的展开则是近年来的事。可以说，在中国现代文化和现代文学的相关领域里，想完全绕过钱锺书，在今天已经是不可能的了。钱锺书的学术成就，已经成为中国知识界的一笔财富。认识这笔财富可以有不同的方法，首要的是应该将它放在时代大背景中进行考察。

柯灵先生指出："一方面是世界性政治地图的重绘，独立自由的钟声响彻云霄，核子时代的物质文明灿烂辉煌，我辈何幸，觏此盛世！但另一方面，却是战祸连绵，内忧外患不断，意识领域剧烈冲突，心理平衡严重失调，新社会难产的长期阵痛。知识分子卷在翻滚的时代涡流里，随着潮涨潮落，载浮载沉，有的不幸惨遭灭顶；只有少数人如崖岸壁立，经得住骇浪怒涛，坚忍不拔，表明历史考验人，人也考验历史。将钱氏的为学为人，放在这样的大背景前面来考察，也许能更平实地权衡他的分量。"① 二十世纪是空前复杂的世纪。物质社会和精神世界的碰撞冲突，导致了人们心灵上强烈的震颤和悸动，冲击着知识阶层习惯的治学态度和处世原则。在这样大动荡、大变化、大重组的环境中，中国知识分子的获得和失落都是空前的，每个人必须以不同的方式对时代作出反应，不能不作出反应。学术著作也是一种反应方式，《管锥编》《谈艺录》《围城》就是钱锺书的反应，所谓时代考验人，人也考验时代。脱离这些背景来读钱锺书著作，就难以理解和深入，更谈不上超越和发展了。

鲁迅、胡适与钱锺书是完全不同的两代人，治学上也各自探索着完全不同的道路。如果从历史的范围来考察，他们之间，以及其他各种人物之间，不能不产生一些关系。在文化建设中他们都作出了重要的成绩，尽管这些成绩还远有再深入的余地。读鲁迅著作，他终其一生不屈不挠与旧文化斗争，有这样的清醒认识，他把自己看作是肩着黑暗的闸门让后人通过者，甘为人打扫奥斯洛牛圈，让后人在这块干净土地上建楼。鲁迅认为自己是座桥，这是既雄壮又悲凉的心态。钱锺书也有

---

① 柯灵《促膝闲话中书君》，《读书》1989年第3期。

清醒的认识，他不赞成别人研究他的著作，反对建立钱学，这里既蕴含着他作为过来人的经验，也蕴含着对后来者的期望：那就是为学者要有开阔的胸襟面对世界文化和中国传统文化，从中汲取有益的营养，打通中西古今，不要在某一家某一派里停留，当然更不要在他本人那里停留。希望后人超越和发展自己，只有站在巨人的肩膀上才能开拓未来。

钱锺书治学道路有转折过程。他十五岁在苏州教会中学期间，开始读《古文辞类纂》《骈体文钞》《十八家诗钞》等古代文献。二十岁入清华，宋以后集部殆无不过目。二十五岁考入英国牛津大学，以后转入法国巴黎大学，此刻他开始系统的研究，"择其别集有名家笺释者讨索之，天社两注，亦与其列，以注对质本文，若听讼之两造然，时复检阅所引书，验其是非"。集笺两校，史文对照，它显示了钱锺书着力于诗眼文心的眼光，就治学方法而言，似乎尚在中国传统之内。"东海西海，心理攸同，南学北学，道术未裂。"在《谈艺录》序言中，钱锺书宣称"颇采二西之书，以供三隅之反"。由中国文化的内证内校，到运用中西文化的互证互校，他把中国文化作为人类文化的一部分，这种拆除时空间隔的观点，在当时确实是振聋发聩的。鸦片战争以后的中国知识界，中体西用，西体中用，争论可谓多矣，《谈艺录》的宣言，可以说提供了崭新的视角。

钱锺书避开中西体用之争，用平等态度对待不同的文化传统，择其善者而用之，择其不善者而去之，跳出了中国知识分子面临的两难选择。晚年的《管锥编》依托我国经史子集的十部书，征引古今中外典籍近万种，对中国文化作了涉及广泛的梳理和批判。《管锥编》以《周易》《毛诗》《左传》《史记》等十部中国文史哲典籍为骨架，用希腊、罗马哲人的哲学著作，十七至十九世纪的西方文学名著以及印度佛学经典和基督教《圣经》等著作进行彼此比较。这种人类文化一体化的宏伟眼光，是他一生追求理想的集中反映，也就是《谈艺录》序言的具体实践。

把鲁迅与钱锺书这样一批知识分子放入时代考察，令人油然而生敬仰之感。在动荡不定、战乱频繁的环境中，一位知识分子能韧性地与窒息人的俗文化抗争，没有纯正的心灵，远大的目光，崇高的追求，是难以想象的。载沉载浮的年代，一方面为追求者带来了痛苦、艰难，另一方面也给人创造了无数升浮荣华的机遇。人生能认清诱惑不容易，人生能摆脱诱惑更不容易。今天面对洋洋大观的鲁迅和钱锺书的著作，我们感到面对的是一位位巨人，一块块二十世纪中国文化的丰碑，这是中国知识分子凝聚毕生心智所造的巨大丰碑，有"超越时间地域之理性存焉"。

世界文化的一部分是中国文化，即使从认识世界文化的意义上说，也应该深入认识中国文化，何况中国文化有其极精华的内容，正有待深入认识和体验呢。中国学者的中国文化立场既不可执，又不可失，当化而通之。世界文化如果隔离中国文化于外，必然是残缺不全的，而中国学者在文化建设中所作出的卓越成就，必然也同时具有世界性的意义。

二十世纪是世界各民族相互交往的世纪，这是中国知识分子必须正视的现实。现实无法回避，也不可能回避。中西古今的文化现象有同有异，有本有末，有变有不变，其中有种种曲折，处处活跃。如果说现代意义上的知识分子必须具备这样的品格，他应该完成对前人思想文化的继承、批判和扬弃，从而开拓出文化发展的新路的话，那么，鲁迅和钱锺书这两代学者都做了应该做的工作。他们从各自不同的侧面，以自己的实践和努力，对中国文化走向世界进行了有意义的探索。他们也是英雄，是现代中国文化史上的文人英雄。时代还在发展，他们走过的路还要继续走下去，从这意义上说，认识他们获得的成就，评论他们的不足，对后来者是会有助益的。一个民族的生命力在于它的自我更新能力。文化的新旧在于认识文化的人，人对世界文化的认识达到什么程度，他本人就达到什么程度，这里有一种契合。

我们已经站在了二十一世纪的开端，时空对我们是一种提醒。

二、若干可能存在的局限

钱锺书的著作尤其是《管锥编》的覆盖面已经涉及了整个中国文化史，那么就有可能从中国文化史的角度来理解钱锺书著作，前面列出的《管锥编》四种文献结构和十部书简义就是初步的工作。以中国文化史的较长时间背景来看，如果遵从学术界的一般见解，把中国文化的发展分为一、先秦至汉末；二、汉末至明末；三、明末至今三个时期，钱锺书就是第三期的中国学者之一，而且是非常有特色的一个。这样看待钱锺书，钱锺书的作用变小了，而且不仅钱锺书，任何个人的作用都变小了。然而，变小的同时也是变大，个人的作用总是在和时代精神的息息相通中才能显示其价值。

读钱锺书所有著作，尤其是《管锥编》，几乎都含有两种角度：一种是文化思路的角度，一种是具体例证的角度。前一种是隐含的，也是有限的，后一种是外显的，几乎是无穷的。读钱锺书著作最初的感觉基本在后者，作者这方面的天赋无与伦比，几乎前无古人。然而钱锺书著作真正精彩的应该还是前者，正有待进一步拓展。由后者转往前者,钱锺书著作才和中华学术各方面相通,成为现时代文化领域的重要坐标之一,被称为"文化昆仑"①。读钱锺书著作,如果将前一种角度的有限转成无限,将后一种角度的无限转成有限,如此互转,以相合《管锥编》所探求的变易不易之道。从这个角度出发,尝试探讨钱锺书的成就和若干可能存在的局限。

钱锺书著作的最大特点在于"打通":在学科上打通文史哲,在地域上打通中西。这一最大的特点,也是钱锺书著作的最高成就所在。试分别论述之:

一、在学科上打通文史哲。钱锺书著作由探讨"诗眼"、"文心"开始,基本打通文史哲三个领域。这三个领域的打通,使钱锺书著作获得了部分专治一学的学者所不可能有的思路和眼界,而得出的结论也往往益人神智,发人深省。但是深入一步可引申出两个问题:第一,如何打通文史哲?第二,打通的方向如何?两个问题互相关联。

第一个问题:钱锺书著作打通文史哲,其范围基本在文史哲之间,而对于文史哲的两端,科学与宗教,致力似有所不足。由于对人类思想的两大尖端存在隔阂,使《管锥编》若干判断有时略欠精微。《谈艺录》和《管锥编》"颇采二西之书",对其中的一西:西方(前已列出文献结构),如果不能理解其科学精神的发展,那么对西方文化的认识,必然偏而不全;而对其中的另

---

① 舒展《文化昆仑——钱锺书》,《随笔》1986年第5期。

一西：印度（前也已列出文献结构），如果不能认识其高度的文化智慧和以宗教名相包裹着的人生体悟的实际内容，那么这些典籍全成并无作用的文字游戏。钱锺书著作对"二西"典籍的认识均已涉及相当深入之处，如果再跨上一步，反身以体验其是非，其成就岂非更无所限？

前面已经说过，从《谈艺录》到《管锥编》体现了飞跃的进步，但有一个情况相反：《谈艺录》曾经致力于科学和宗教两端，而在《管锥编》中这种致力的痕迹消失了。先谈科学。《谈艺录》中征引过三例自然科学家的著作，25 页征引牛顿《自然哲学的数学原理》(Mathematical Principles of Natural Philosophy, 1687)，101 又 289 页引亥姆霍兹（Helmholtz, 1821—1894）论豁尔贯通如油云闪电（Geistesblitz），211 页引 E. Mach（马赫，1838—1916）论思维经济原则。这种与自然科学家著作的接触，虽说初步，但由此出发而逐步深入，自然会次第显出境地。甚至有可能另外构成一种文献结构，与前列西方文献结构相辅而成。[①]《谈艺录》这类征引，《管锥编》中已极少出现，在文献征引上是纯粹了，在思想角度上是后退了。再谈宗教。《谈艺录》和《管锥编》都大量征引宗教典籍，征引本身不一定可贵，由

[①] 以牛顿为始，从牛顿《原理》上及欧几里德《原本》，可构成西方自然科学发展的两大坐标。此坐标的最新变化在二十世纪的爱因斯坦，而马赫和亥姆霍兹均为爱因斯坦的前驱。马赫对牛顿经典力学的批判启发了爱氏的相对论，亥姆霍兹的能量守恒定律是爱氏质能守恒定律（$E = mc^2$）的基础。《谈艺录》引述两位自然科学家著作，已内含自然科学发展的纲要。而柏拉图相关欧几里德、康德相关牛顿，虽尚未出现大哲学家相关爱因斯坦，而 20 世纪几乎所有重要哲学都受到爱因斯坦的影响。人文科学和自然科学可以携手而行，《谈艺录》对自然科学著作的兴趣和征引，确极有益。

此引发的作者见地可贵。《谈艺录》有多处论及宗教经验，如99—102页论妙语与参禅，279—290页论破除我相等，如果从此路深入，又得到自然科学理论的修养，逐步打破这里往往而存的神秘性质，可以进行科学化的研究，推动人类文化的进步。而到了《管锥编》，虽然征引文献的数量大大有了发展，而认识上根本的突破却并不多。一些重要内容有时已经接触到了，却往往被认为是修辞机趣而闪避了。如六十年代的论文《通感》，在修辞学研究上是一大创获，但对通感现象是否对应人类生理心理现象，文章却很少批判和涉及，把一个有意义的问题放过了，极为可惜。文史哲三者贯通的关键在哲学，只有穿越并贯通科学和宗教两端，哲学才有实际内容而不流为空谈，而且也只有穿越并贯通科学和宗教，才能理解哲学居两者之间而又不为两者所限的作用。罗素说，"哲学就是把宗教转变为科学"，不断推动科学进步以消除宗教，正是哲学所起的关键作用，相应人类的智慧。

第二个问题：钱锺书著作打通文史哲，基本向度是从文学打通到史哲，而不是从史哲打通到文学。两个向度本来无所谓优劣，可以互通，由于作者在实际工作中比较重视从文学到史哲的向度，这样有时把一些有意义的问题忽略了。比如重视并阐发"诗可以怨"（《七缀集》论文）之旨，却相对忽视"诗可以兴，可以观，可以群"，其实也各为深刻的理论。又比如重视"文人慧悟逾于学士穷研"，"词人体察之精，盖先于学士多多许也"（《管锥编》499，918页，郑朝宗《文学批评的一种方法》），但也相对忽略了学士也可以有其慧悟，慧悟根极于人本身，和人的职业、身份并无太大的关系。注意自然界和人本身的信息，工夫不断，可以不断有悟，《管锥编》作者本人在研究和创作两方面的成就，已经说明了这一点。[①] 阅读《管锥编》，的确可从多种角度理解而不宜执一，如孙行者以各种向度打通各种学术界限，又如如来佛于各种学术界限中观照其本来互通，翻转以掌心应之。

二、于地域上打通中西。贯通中西文化，至少对中国来说，是数百年学术大势所在，对世界文化的发展也有深远的意义。贯通不一定等于同一，也不一定就是差异，其间有种种曲折微妙，正有待学者致力阐发。钱锺书对中西文化认识，在语言的运用，典籍的掌握上，有着前辈学者不可企及的优越条件，也达到了很多前辈学者没有达到的特殊成就。这些成就主要体现在以《管锥编》为代表的一系列著作中。但是如果深入一步，仍可引申出一个问题，即在什么层面上打通中西文化？

读完钱锺书主要著作后，可以发现，钱锺书著作的打通中西，主要还是致力于片断思想以及句子层面上。《管锥编》自谦的"竹屑木头"，《七缀集》自谦的"缀"，都跟这一贯通层面有关。由于比较重视句子层面，给钱锺书著作带来一定的局限。这种局限，倒不一定是由于它们的体裁（《谈艺录》《管锥编》受学术笔记和诗话两种体裁的影响），也不一定是由于它们的引文方式（《谈艺录》《管锥编》征引的中西典籍基本以句段为主，

[①] 黄裳《关于〈管锥编〉的作者》："在默存先生身上，才人和学人却得到了十分理想、完美的结合，这可并非常见现象。"《榆下说书》，第 301 页。

如果扩大为整段，二书的引文方式将不能建立。《管锥编》最长一段引文是1391—1393页引《永乐大典》论"韵"），而是对于中西文化一些根本问题的注意不足。如果注意根本问题，征引句子，并不为碍。

在"我注六经"和"六经注我"两种认识典籍的方式中，钱锺书的方式属后者。在中国思想中，"六经注我"的自由驱遣实为最高境界。由于过多注意了片断思想以及句子，大大限制了他的发挥。往往有这样的现象，《谈艺录》《管锥编》对中西典籍一些句子的阐发比较深刻，一些句子的翻译极为精妙，达到《林纾的翻译》中所说的"化"的境地，而对"化"典籍的整体思想却往往忽略了。读钱锺书著作，往往既惊叹于作者运用典籍的惊人智慧，而面对征引的句子，有时也会产生买椟还珠的不足之感。

钱锺书著作较多注意句子层面，而较少注意典籍的整体思想，并不完全是不能，有时往往是不愿。这里有着作者深刻的见地在内。这种思想体现在《管锥编》的体裁和引文方式中，具体说明在《读〈拉奥孔〉》一文中：

> 更不妨回顾一下思想史罢。许多严密周全的思想和哲学系统经不起时间的推排销蚀，在整体上都垮塌了，但是它们的一些个别见解还为后世所采取而未失去时效。好比庞大的建筑物已遭破坏，住不得人、也唬不得人了，而构成它的一些木石砖瓦仍然不失为可资利用的好材料。往往整个理论系统剩下来的

有价值东西只是一些片断思想。脱离了系统而遗留的片断思想和萌发而未构成系统的片断思想，两者同样是零碎的。①

这里是钱锺书的极为可贵的思想：破体，即破体为用（体用之名，参观《管锥编》8—12页），从具体的例证出发，不谈根本的理论，而根本的理论已含于具体例证之中。化体为用，以相应无穷变化，极为可贵。一些孜孜于建立体系的当代著作，其书往往不如《管锥编》可读，就是例证。然而破体虽是，破体之后显出什么，片断思想？句子？似不完全正确。引文中提及时间的推排销蚀，凡破体者首宜破此。而破体之后所显出人类文化的思想结构，随着自然界的变化和人类文化的发展，有其穷变通久的转机，而且整体可开可合，自有生生不息的作用。凡片断思想，联系于不同的整体，可以有不同的作用。执着于体系不对，执着于片断思想也同样有缺陷。无意中三言两语，说出了精辟见解（《读〈拉奥孔〉》），正是片断联系整体的情况，有如禅宗一句，可含华严境界，重重无尽。

以上在概括钱锺书著作的主要成就的同时，也就可能存在的局限作了若干评论。这些评论未必符合事实，也未必正确，仅作为一家之言，供有兴趣者参考。事实上，以钱先生的智慧和修养，对以上所说应该早已了然在心，而这些问题如果由钱先生本人来阐发，当然会阐发得更好。《管锥编》在当代著作中，确实

---

① 钱锺书《七缀集》，第29—30页。

为一部不可多得的扩人心胸、益人神智之书，有志于了解中西文化者，不妨把这本书作为参考书之一，经常翻阅，必然会获得不少启发。这也是钱锺书先生"衣带渐宽终不悔，为伊消得人憔悴"一生治学的心愿所在。《管锥编》也自有其深入处，未必为本书所能窥，正有待来者阐发。

《管锥编》自序称"学焉未能，老之已至"（用《论语》），《谈艺录》补订本《引言》称"吾犹昔人，非昔人也"（用《肇论》），这里涉及人在时空中的变化，正为《管锥编》《谈艺录》带总结性的两大眼目（眼目一词，参观《谈艺录》补订本329—330页）。由此上出，学问可开更新的境界。

《管锥编》这部书的书名取自《庄子·秋水》，原文为魏牟和公孙龙的一段辩论：

> 且彼方跐黄泉而登大皇，无南无北，奭然四解，沦于不测；无东无西，始于玄冥，反于大通。子乃规规然而求之以察，索之以辩，是直用管窥天，用锥指地也，不亦小乎？子往矣。

识小而大通，管锥而天地，由此出发，上层楼以穷千里目，即如钱先生所赞赏的歌德诗句（《谈艺录》第590页，《七缀集》第13页）：

> 万峰之巅，（Über allen Gipfeln
> 群动皆息。ist Ruh）

附录一 钱锺书著作的分期和系统

一、写作分期

1938年秋,中国抗日战争全面爆发后的第二年,钱锺书、杨绛夫妇在留学英法四年以后,乘法国邮船阿多士Ⅱ(Athos Ⅱ)回国。对钱锺书一生的写作生活而言,这次乘船归国意味着新的开端,肯定留有深刻的印痕。若干年后,这次归途的情景就是小说《围城》的开场,《围城》受感发;而归途中与友人谈诗,萌发了写作诗话的冲动,《谈艺录》受感发。尽管《围城》《谈艺录》的写作以后还经过了多种曲折,但这次归国,直接对钱锺书一生,间接对《围城》《谈艺录》,其意义都是划时代的。没有这次归国,钱锺书的一生及其著作,完全可能成为另外的格局。理解钱锺书的写作分期,可以用这次归国为界,在此以前,他基本还属于求学时期;在这以后,他已经成熟为真正的作家和学者了。

钱锺书对中西文化和文学的接触,其基础可以追溯至少年求学时代。这一少年求学时代,可以用钱锺书15岁那年在苏州教会中学读书,返家度暑假,在课外开始阅读《古文辞类纂》《骈体文钞》《十八家诗钞》的事件志始。① 此后在正式求学一路，由教会中学而清华大学外文系（1929—1933）、英国牛津大学（1935—1937）、法国巴黎大学（1937—1938），一直在良好的教育条件下攻读西方语文。而在自修一路，得力于家学的基础，更得力于本人的刻苦努力，由《古文辞类纂》《骈体文钞》《十八家诗钞》等大型选本起步，渐而阅读诸家专集、诸家诗话，渐而进至诸子百家、佛典道经。两路相合，奋进不息，"不断叩向更上一关"②，逐渐显示大成之象。还在清华时代，老一辈学者吴宓就赞叹当时还是学生的钱锺书为"人中之龙"③，以后在牛津、巴黎求学期间，更是突飞猛进。1938年学成归国，钱锺书29岁，三十而立，英年有为，由此开始其一生的写作生活。

以1938年为界，钱锺书的写作大致可分为三期：

第一期　　1939—1949　　29—39岁　　（前期）
第二期　　1950—1978　　40—68岁　　（中期）
第三期　　1979—1989　　69—79岁　　（后期）

始于1938年末1939年初，止于1989年末，三期的写作各有其重要内容。1989年以后，钱锺书的写作另有发展，再作

---

① 《谈艺录》补订本第346页作者回忆。
② 郑朝宗《但开风气不为师》，《读书》1983年第1期。此文收入《〈管锥编〉研究论文集》，福建人民出版社1984年4月第1版。
③ 郑朝宗《但开风气不为师》，《读书》1983年第1期。此文收入《〈管锥编〉研究论文集》，福建人民出版社1984年4月第1版。

别论。

　　第一期由青年而中年，历时约十年，地点主要在上海。在写作内容上，属于青春才气发扬的时期。最早的作品是散文集《写在人生边上》（1941），其次是短篇小说集《人·兽·鬼》（1946），散文集首篇是《魔鬼夜访钱锺书先生》，小说集首篇是《上帝之梦》。入地上天，神鬼变换，而归于人生和人，试笔之初，已显示不羁的灵气和才情。在两集之前或之后，又发表一篇用英语写作的长篇论文《十七、十八世纪英国文学中的中国》。由西而中，又由中而西，更显示作者治学的独特思路。第一期的代表作有两部：一是长篇小说《围城》（1947），一是理论著作《谈艺录》（1948），两部著作奠定了钱锺书毕生写作的基础。1949年中华人民共和国成立，钱锺书举家从上海迁往北京，在搬家的忙乱中，长篇小说《百合心》的手稿遗失——从此钱锺书再也没有写过小说。国家的大事和钱锺书个人生涯中的这件小事相合，可以作为此阶段的结束。

　　第二期由中年而渐转老年，历时约三十年，地点主要在北京。在写作内容上，是由才气发扬转为思虑深沉的时期。这一时期，钱锺书发表的著作不多，以长长的学术积累为主。其间五十年代完成了一本《宋诗选注》（1958），六十年代没有完整的著作出版，仅发表了《旧文四篇》中的三篇：《读〈拉奥孔〉》《通感》《论林纾的翻译》。此外参与主持中国科学院文学研究所《中国文学史》的编写，负责唐宋的部分，其中《宋代的诗话》当为钱锺书执笔。在此前后，还一度参与其他工作，如《唐诗选》初稿的编注和审订,《外国理论家作家论形象思维》西欧古典部分、西欧和美国现代理论部分的编选翻译,工作不太主要,也磨炼着感觉。整个五六十年代发表作品不多,却极为重要:钱锺书的毕生巨著《管锥编》,正是在这一阶段积累成熟起来的。其时的唐宋文学研究,又是《谈艺录》到《管锥编》之间的转折。没有这段长长时期的酝酿,不可能完成从《谈艺录》到《管锥编》的飞跃。这一时期的结束,是中国的十年"文化大革命"。在此期间,钱锺书被下放到河南"五七干校"劳动锻炼(1969—1972),一度当过干校的信件收发员,海外甚至误传他已然去世。[①] 1972年由干校回京,即着手整理《管锥编》,1978年《管锥编》初辑整理完成,为这一阶段富于成果的结束。

第三期中钱锺书的博学和睿智更加成熟,已入老年,历时约十年,地点在北京。在写作内容上,是钱锺书主要著作陆续出版和重新出版的时期,也是钱锺书著作系统基本形成的时期。这一时期结束,国内的钱锺书研究也开始基本出现并成形。1978年底,钱锺书作为中国学术代表团成员访问罗马;1979年初,又作为中国社会科学院代表团成员访问美国。他对欧美两地的访问,在当地汉学界引起极大的反响。归国后,钱锺书在欧洲汉学会24届年会会刊《了解现代中国》(1979年罗马版)上发表《古典文学研究在现代中国》,在代表团《访美观感》书中发表《美国学者对中国文学研究的简况》(1979年中国社会科学出版

---

① 参观夏志清《追念钱锺书先生》,见夏氏《人的文学》,台湾纯文学出版社1977年版,第177—194页。

社出版，内部发行）。这两篇文章不是钱锺书的主要写作，却一中一西，互相引介，代表着钱锺书在中国乃至世界学术界的重新露面，也是第三期开始的标志。这一时期最重要的事件是1979年《管锥编》1—4册的出版，以此发端，钱锺书的其他主要著作都陆续得到出版和重印。其中比较重要的是《谈艺录》补订本（中华书局，1984）和《七缀集》（上海古籍出版社，1985），参以《旧文四篇》（上海古籍出版社，1979）、《管锥编增订》（中华书局，1982）的出版，《宋诗选注》（人民文学出版社，1979）、《围城》（人民文学出版社，1980）、《写在人生边上》、《人·兽·鬼》（福建人民出版社，1983）的重印，形成钱锺书第三期写作的基本轮廓。第三期喷涌而出的成果，也是第二期长长积累中所聚集能量的显示。

钱锺书三期写作中刊行的著作，合入其他待整理的文稿《管锥编》续辑、《感觉·观念·思想》《槐聚诗存》等，形成了蔚为大观的钱锺书著作系统。理解钱锺书的写作，就是要理解钱锺书著作系统的主要内容及其变化状况。

二、著作系统

以三期写作为时间，以内容分类为空间，时空相合，各种已刊、未刊著作间的关系，构成了钱锺书著作系统。三期写作已如上述，内容分类以文学创作和学术研究两大类为主。

文学创作类。

按照一般文学理论的分类观念，可以包括四类：小说、戏剧、散文、诗歌。这四类中，钱锺书创作兼及了其中三类，而且各有独特成就，仅戏剧除外（杨绛有她的戏剧创作）。三类中，以小说成就为大，而又兼及短篇和长篇，至《围城》形成高峰。

文学创作类可列表总结如下：

散　文	《写在人生边上》（1941）
小说（短篇） 小说（长篇）	《人·兽·鬼》（1946） 《围城》（1947）
诗　歌	《槐聚诗存》（未刊）

学术研究类。包括中西两方面。

附录一　钱锺书著作的分期和系统

中国方面，以三大理论著作为主线：前期的《谈艺录》（1948），中期的《宋诗选注》（1958），后期的《管锥编》（1979）及《增订》（1982）。三部书之间，出版时期相隔三十年以上，其中《谈艺录》和《宋诗选注》之间相隔十年，《宋诗选注》和《管锥编》之间相隔二十年。世事的变化，学力的增长，均可于三书间得到验证。三书的内容为：《谈艺录》《管锥编》纵贯全史，《宋诗选注》偏重一代。有趣的是，《谈艺录》论述的重点由宋至清，《管锥编》论述的重点先秦至唐，《宋诗选注》衔接在中，在时代上也形成了连贯。

三大理论著作以外，还有一册由单篇论文集合而成的小书：《七缀集》（1985）。《七缀集》的七篇文章可分布于三期，配合三大著作，起点缀陪衬作用，也可自成整体，可分可合。可分如《中国诗和中国画》《汉译第一首英语诗〈人生颂〉及有关二三事》入前期；《读〈拉奥孔〉》《通感》《论林纾的翻译》入中期；《诗可以怨》《一节历史掌故、一个宗教寓言、一篇小说》入后期。可合如前期的《中国诗和中国画》经修订后可入中期，与《读〈拉奥孔〉》等三篇合成《旧文四篇》（1979）；前期的《汉译第一首英语诗〈人生颂〉及有关二三事》经修订后可入后期，与《诗可以怨》等二篇合成三篇。《旧文四篇》加上"新文"三篇，形成《七缀集》（1985）。《七缀集》以白话文写作，与钱锺书以文言文写作的其他著作可配合以观。

以上这些理论著作中，最重要的无疑是《管锥编》，包括它的《续辑》（未刊）和《增订》（1982）。这部书包含文史哲三方面内容，为晚年集大成的著作，可以代表作者对中国文化和文学的总体认识。其他著作均围绕《管锥编》形成配合之势：《谈艺录》经过补订（1984），已成为《管锥编》的补充和前编；《宋诗选注》实际上是《谈艺录》《管锥编》的理论在某一具体时代的批评实践。此书的最佳处不在宋诗，也不完全在选，而是在注，实际上还是《谈艺录》《管锥编》的变化①（《管锥编》第117页，参见《宋诗选注》周紫芝《禽言》注；第621页，参见杨万里《初入淮河》注4）。而《七缀集》的内容，也往往跟《管锥编》的内容相关联（如《管锥编》第482—484页之于《通感》；第1262—1265页之于《论林纾的翻译》，参见第247页；第1367—1368页之于《汉译第一首英语诗〈人生颂〉及有关二三事》；又《谈艺录》补订本第106页之于《中国诗和中国画》），后者由前者发展而成？前者为后者的引导？彼此关涉，小大由之。《管锥编》把钱锺书认识中国文化和中国文学的种种信息吸收总结起来了。

关于西方的学术研究，最早的论文是以英语写作的学士论文《十七、十八世纪英国文学中的中国》，1940—1941年发表于北京图书馆馆刊《图书季刊》英文版。这篇论文和《谈艺录》中若干则直接论述西方的札记（如法国神甫白瑞蒙论诗）相合，辅之以作者用西语写作的其他论文，可作为钱锺书直接研究西方

---

① 参观钱锺书《模糊的铜镜》（1988年1月为香港版《宋诗选注》写的前言）中的自述，以及此文注释②引胡适的评论。文见《随笔》1988年第5期。

文化和文学的开端。[①] 其后还能陆续见到作者其他用西语写作的短文，如1983年8月为中美比较文学学者双方讨论会写的开幕词等（《中国比较文学》创刊号，浙江文艺出版社，1984年），这些短篇小文，还没有完全展现作者的才华。钱锺书认识西方文化和文学的集大成著作，应该是《感觉·观念·思想》，这部著作论述但丁、莎士比亚、蒙田等十位西方作家作品，为《管锥编》的外编。钱锺书早期论述英国文学中的中国，后期直接论述英国文学，而且不止英国，还包括意、法、德（？）等国；论及的内容，不止文学，还涉及史学、哲学，后期对比前期，有完全不同的眼光和视界，《感觉·观念·思想》把钱锺书认识西方文化和文学的种种信息吸收总结起来了。《感觉·观念·思想》和《管锥编》相辅以行，代表钱锺书对中西文化和文学的两大认识。这部重要著作尚未出版，我们祝愿它早日问世。

综上所述，学术研究类可列表总结如下：

	中　　国	西　　方
宋~清	《谈艺录》（1948）	《十七、十八世纪英国文学中的中国》（1940—1941）《感觉·观念·思想》（未刊）
宋	《宋诗选注》（1958）	
先秦~唐	《管锥编》（1979）	
	《管锥编续辑》（未刊）	
	《增订》（1982）	
其他	《七缀集》（1985）	

[①] 《钱锺书研究》（第一辑）刊载了一甫所辑的《钱锺书著作目录》，其中收罗了钱锺书用西文写作的文章目录。也可能有一二遗漏，如钱锺书为徐燕谋编 Selected Modern English Essays 写的前言（1947）等，似可补入。

将上述创作和研究两类合观，我们会惊奇地发现：钱锺书完成了一件多么艰难的工作：其著作贯通中西，又横跨创作和理论两大领域。创作兼及诗文小说，理论兼及文史哲，而且以中文论中国，西文论西方，在每一方面都取得独到的成就。四美俱，二难并（参见《管锥编》第1294页），古来罕有。老一辈学者称许钱锺书为"人中之龙"，确有远见卓识。

钱锺书所有主要著作在1979年《管锥编》出版之后，尤其在1984年《谈艺录》补订本出版以后，彼此间已经发生关系。这些主要著作的关系，合称为"钱锺书著作系统"，各部分互相印证，彼此变化，生生不息，显示丰富的意义。凡读钱锺书著作，从任何一部书的任何段落都可以开始，而最后都应该达到整个钱锺书著作系统及其核心。如此了解钱锺书一生的主要成就，钱锺书著作才可能与理解中西整体文化关涉而成为桥梁之一。

下列"钱锺书著作系统结构表"，以见此一系统的内容和大义：

《写在人生边上》(1941)　　　　　　　　　《十七、十八世纪英国
《人·兽·鬼》(1946)　　　　　　　　　　文学中的中国》(1943)
《围城》(1947)　　　　《宋诗选注》(1958)　《谈艺录》(1945)
　　　　　　　　　　　《槐聚诗存》(未刊)
　　　　《管锥编》(1979)《七缀集》(1985)　《感觉·观念·思想》
　　　　《续辑》(未刊)　　　　　　　　　（未刊）
　　　　《增订》(1982)

这一系统中，最早有创作《写在人生边上》《人·兽·鬼》

和理论《十七、十八世纪英国文学中的中国》，这些作品涉及中西两端，为整个系统的开始。而前期的两部代表作是《围城》和《谈艺录》，这是作者在创作和理论上成熟的标志。由前期的创作和理论，中经《宋诗选注》（注释）和《槐聚诗存》（创作）的转折，翻转为后期《管锥编》和《感觉·观念·思想》对中西文化的两大认识，前后期之间，体现了飞跃的进步。其间《七缀集》用白话文写作，贯通结合了《管锥编》的"古"和《感觉·观念·思想》的"洋"，立足点在现代中国。七篇文章散缀其间，既自成整体，又自由组合于其他部分，为整个系统中的生气。

整个系统的归宿在《管锥编》和《感觉·观念·思想》，这两大著作是钱锺书一生治学的结晶，也是整个系统的两大基础柱石。以管窥天，以锥指地，以感觉、观念、思想识人，了解世界已有的思想和言论的精华，这就是文学（Literature）。

附录二

钱锺书简易年表

1910年（宣统二年）　出生

11月21日（农历庚戌年十月二十日），钱锺书出生于江苏无锡。祖父钱福炯（祖耆）。伯父钱基成，父亲钱基博（子泉），叔父钱基厚（孙卿）。

父亲钱基博，是著名的文史学者。母亲王氏，是近代通俗小说家王西神之妹。伯父无子，钱锺书出生后过继于伯父名下，由伯父抚养。这是钱锺书出生时的家庭格局，对钱锺书的成长有相当影响。

1911年（宣统三年）　一岁

钱锺书出生那天，有人送来一部《常州先哲丛书》，伯父为他取名"仰先"，取"仰慕先哲"之义，字"哲良"。至周岁抓周，抓了一本书，父亲为他正式取名"锺书"，成为他一生成就和性情的写照。

1913 年　三岁

伯父教钱锺书识字。

1916 年　六岁

在亲戚家的私塾附学，念《毛诗》。以后由伯父教他读书。读了《西游记》《水浒》《三国演义》以及《说唐》《济公传》《七侠五义》等小说。此年前后曾自取别号"项昂之"，"项"指项羽，"昂之"是他想象中的英雄气概。

1920 年　十岁

考入无锡东林小学。此年伯父去世，改由父亲抚养，仍和伯母共同生活。父亲为钱锺书改字"默存"，有要他少说话的意思。开始读大量的林译小说，知道了一个在《水浒》《西游》《聊斋》以外的新天地。

1923 年　十三岁

考入美国圣公会办的苏州桃坞中学。大量阅读《小说世界》《红玫瑰》《紫罗兰》等刊物。

1925 年　十五岁

返家度暑假，接触《古文辞类纂》《骈体文钞》《十八家诗钞》等大型选本。从此开始系统阅读，是一生志学之始。

1927 年　十七岁

苏州桃坞中学停办，考入美国圣公会办的无锡辅仁中学。

1929 年　十九岁

考入清华大学外文系。报考时数学成绩不及格，因中英文成绩特优，被破格录取。

1929—1933 年　十九至二十三岁

在大学期间，建立了比较文化和比较文学观念，知识结构正式形成。出众的才华受到罗家伦、吴宓、叶公超等人的欣赏，被看作特殊的学生。在清华师生中，与陈寅恪并称为"人中之龙"。在文学院，和吴晗、夏鼐并称为"三才子"；在外文系，与曹禺、颜毓蘅并称为"龙、虎、狗""三杰"。

用"中书君"笔名写了不少文章，刊登在《清华周刊》《新月月刊》《大公报》上，开始引起社会的注意。"中书君"笔名语出韩愈《毛颖传》。在校期间，自觉地进行中英文进修，是《清华周刊》的英文编辑。1932 年，结识杨绛。1933 年，与杨绛订婚。

1933—1935 年　二十三至二十五岁

在上海光华大学任外文系讲师。有《中国文学小史序论》（1933）讨论文学史，《与张君晓峰书》（1934）讨论文言白话。有《中书君诗》一册（非卖品）。

1935 年　二十五岁

以第一名成绩考取英国庚子赔款公费留学生，赴英国牛津大学埃克塞特学院英文系留学。与杨绛结婚，同船赴英。

1937 年　二十七岁

在牛津大学英文系毕业，以论文《十七、十八世纪英国文学中的中国》通过答辩，获得 B. Litt 学位。同年，入法国巴黎大学进修。女儿钱瑗出生。

1938 年　二十八岁

秋，与杨绛乘法国邮船阿多士Ⅱ（Athos Ⅱ）回国。钱锺书在香港上岸，转道至昆明任西南联大外文系教授，杨绛则直接回上海。在法国归来途中，归船上情景为《围城》第一章取材，《围城》受感发。归途遇友人冒效鲁，两人谈诗，《谈艺录》受感发。在西南联大时期，写作《冷屋随笔》。冷屋，似取"冷眼旁观"之义。

1939 年　二十九岁

夏，自昆明回上海探亲，开始写作《谈艺录》。

秋，赴湖南蓝田国立师范学院任英文系主任。

1939—1941 年　二十九至三十一岁

在湘西两年。其间于 1940 年暑假回家探亲，因道路不通，半途折回。

完成《谈艺录》最初部分，约相当《谈艺录》初稿的一半。完成《围城》的布局、构思。有《中书君近诗》一册（非卖品）。有论文《中国诗和中国画》（1940）。此文后来收入《开明书店二十周年纪念文集》（1947）、《旧文四篇》（1979）和《七缀集》（1985）。

1941 年　三十一岁

暑假，由广西乘船到上海。值珍珠港事件，沦陷于上海。在震旦女子文理学院授课。散文随笔集《写在人生边上》由开明书店出版，是"开明文学新刊"之一。

1942 年　三十二岁

《谈艺录》初稿完成，有"序"。初稿完成后，又时时加以修改。

1944—1946 年　三十四至三十六岁

写作《围城》。困顿于上海沦陷区时期的经历和情绪，对确定《围城》题旨和书名有重要影响。

1946—1948 年　三十六至三十八岁

抗日战争胜利后，一面在上海暨南大学任教，一面兼任南京中央图书馆英文刊物的主编，来往上海、南京之间，行踪不定。

任职有上海暨南大学外文系教授、北京图书馆英文馆刊顾问、中央图书馆外文部总纂等。

1946年，短篇小说集《人·兽·鬼》由开明书店出版。

1947年，长篇小说《围城》由上海晨光出版公司出版，1948年再版，1949年三版，是"晨光文学丛书"之一。《谈艺录》由上海开明书店出版，1949年再版而止，是"开明文史丛刊"之一。

1949年　三十九岁

英国牛津大学约请担任中文系的Reader，香港大学约请担任文学院长，台湾大学约聘为教授，均未往。夏，举家由上海迁居北京。长篇小说《百合心》手稿遗失。

1949—1953年　三十九至四十三岁

任清华大学外文系教授，并负责外文研究所事宜。1953年院系调整，清华改为工科大学，文科部分并入北京大学。钱锺书摆脱教务，在文学研究所工作，实际从事《毛泽东选集》英译的定稿工作。文学研究所最初属于北京大学，1955年归属于中国科学院哲学社会科学部，即今天的中国社会科学院。

极少发表作品，以静静读书为主。

1955年　四十五岁

翻译德国海涅的《精印本〈堂·吉诃德〉引言》，刊载于北京大学文学研究所编的《文学研究集刊》（人民文学出版社，1956年）。《集刊》于1955—1957年间共出五册，为《文学研究》和《文学评论》的前身。本篇是钱锺书的翻译代表作。

1955—1957年　四十五至四十七岁

在郑振铎、何其芳、王伯祥等人的支持下，穷两年之力完成了《宋诗选注》，选注了宋代八十一位诗人的二百九十七首作品。此书涵盖一代，上承《谈艺录》，下启《管锥编》，是主要著作之一。在此前后完成了写作道路的转机：由创作和研究的两路并行，至此抛开创作，转以理论研究为主。

1957年因父病到湖北省亲，有《赴鄂道中》五首绝句，寄寓了对当时形势的感受。此年父亲钱基博病逝。

1958年　四十八岁

《宋诗选注》由人民文学出版社出版，列入"中国古典文学读本丛书"。发表对《韩昌黎诗系年集释》（钱仲联著）的书评，这是钱锺书最后的一篇书评。

五十年代末

成立《毛泽东诗词》英译定稿小组。袁水拍任组长，乔冠华、钱锺书、叶君健任组员。小组的工作至"文化大革命"爆发而暂时中断。

1961 年　五十一岁

美国哥伦比亚大学教授夏志清《现代中国小说史》由美国耶鲁大学出版社出版。此书辟有《钱锺书》专章，高度推许《围城》，开了世界各地钱锺书研究的风气。

1962 年　五十二岁

中国科学院文学研究所编写的三卷本《中国文学史》由人民文学出版社出版。此书总负责人是余冠英，钱锺书是其中唐宋部分的主持者。余冠英等人编的《中国文学史》属科学院系统，游国恩等人编的《中国文学史》属高校系统，这两套文学史后来都被采用为高校教材，在社会上广为流传。

1962—1964 年　五十二至五十四岁

陆续发表论文《通感》（《文学评论》1962 年第 1 期）、《读〈拉奥孔〉》（《文学评论》1962 年第 5 期）、《林纾的翻译》（《文学研究集刊》第一册，人民文学出版社，1964 年），这些论文以后被收入《旧文四篇》和《七缀集》。

1962—1966 年　五十二至五十六岁

一度参加《唐诗选》初稿的选注、审订工作，选注了王绩、王勃、杜审言等三十人的作品。此书后来经修订于 1978 年由人民文学出版社出版。参加《外国理论家作家论形象思维》一书西欧古典部分、西欧及美国现代理论部分的选译。此书后来于

1979年由中国社会科学出版社出版。

1966年　五十六岁

"文化大革命"爆发。钱锺书、杨绛均被"揪出"作为"资产阶级学术权威",经受了冲击。有人写大字报诬陷钱锺书轻蔑领袖著作,钱锺书、杨绛用事实澄清了诬陷。

1969—1971年　五十九至六十一岁

1969年11月,钱锺书作为"先遣队"去河南省罗山县的"五七干校"。不久,"五七干校"迁至淮河边上的河南息县。1970年7月,杨绛也来干校。1971年4月,"五七干校"迁至京汉铁路线上的河南明巷。在"五七干校",钱锺书一度担任过信件收发工作。1970年6月,女婿王得一被逼含冤自杀。

1972—1975年　六十二至六十五岁

1972年3月,作为第二批"老弱病残"人员回到北京。8月,开始写作毕生巨著《管锥编》。此书根据历年来的笔记整理而成,笔记本据说有五大麻袋。因"造反派"强邻难与相处,不得已暂居一间办公室。此期间一度大病。

1975年　六十五岁

此年前后,海外误传钱锺书的死讯,在港台日本等地引起了一阵悼念活动。此误传于1977年前后被澄清。《管锥编》初稿完成,此后又陆续修改。

1976年　六十六岁
钱锺书参与翻译的《毛泽东诗词》英译本出版。诗作《老至》寄寓了对形势的感受。

1978年　六十八岁
1月,《管锥编》定稿。

9月,作为中国学术代表团成员去意大利奥尔蒂塞参加欧洲汉学家会议,提交了论文《古典文学研究在现代中国》。

1979年　六十九岁
4—5月,参加中国社会科学院代表团赴美国访问。访问了哥伦比亚大学、加利福尼亚大学伯克利分校等,大受欢迎。

归国后写有《美国学者对中国文学研究的简况》,收入《访美观感》一书(中国社会科学出版社,1979年)。《管锥编》1—4册由中华书局出版。《旧文四篇》由上海古籍出版社出版。此书收有《中国诗和中国画》《读〈拉奥孔〉》《通感》《林纾的翻译》。《宋诗选注》重印。

1980年　七十岁
11月,赴日本访问。在早稻田大学作《诗可以怨》的演讲。《围城》重印。

1981年　七十一岁

与张隆溪的谈话中,发表对比较文学的看法。

1982年　七十二岁

《管锥编增订》出版。本年起担任中国社会科学院副院长。

1983年　七十三岁

以中国社会科学院副院长的身份主持中美比较文学双边讨论会,并致开幕词。《人·兽·鬼》和《写在人生边上》被列入"上海抗战时期文学丛书",由福建人民出版社出版。

1984年　七十四岁

《也是集》由香港广角镜出版社出版。此书上半部是1979年以后发表的三篇论文:《诗可以怨》(1981)、《汉译第一首英语诗〈人生颂〉及有关二三事》(1982)、《一节历史掌故、一个宗教寓言、一篇小说》(1983);下半部从《谈艺录》补订本摘选。《谈艺录》补订本由中华书局出版。此书以《谈艺录》1948年版为上编,以新增的内容为下编,上下编篇幅基本相等。

厦门大学中文系教授郑朝宗带领四位研究生写成《〈管锥编〉研究论文集》,由福建人民出版社出版,这是他倡导"钱学"的成果。

1985 年　七十五岁

《七缀集》由上海古籍出版社出版。此书包括《旧文四篇》和《也是集》上半部的三篇文章，共七篇文章。

《谈艺录》补订本和《七缀集》是这一时期的最重要著作，其内容纵贯前后期，有提纲挈领的作用。

1986 年　七十六岁

主持"鲁迅与中外文化"学术讨论会，并致开幕词。在寓所接受中新社香港分社记者的采访，发表对诺贝尔文学奖的看法。杨绛《记钱锺书与〈围城〉》收入"骆驼丛书"，由湖南人民出版社出版。舒展《文化昆仑——钱锺书》在《随笔》杂志第 5 期发表。

1989 年　七十九岁

《钱锺书论学文选》（六卷本）由舒展编成，由广东花城出版社出版。此书包含钱锺书新补手稿约二十余万字的内容。《钱锺书研究》（第 1 辑）由文化艺术出版社出版。这些出版物的出现，表明大陆钱锺书研究已渐成风气。

钱锺书还有用西文写作的《感觉·观念·思想》，以及《管锥编续辑》《槐聚诗存》等文稿，尚待整理出版。

后记

本书的写作，得到了师友们的帮助。其中老一辈作家有施蛰存先生和柯灵先生。施蛰存先生回忆当年的往事，使笔者了解一部分相关的背景；柯灵先生惠赐他的一封通信供笔者参考，这也是笔者喜欢的文章。友人也提供了各种形式的帮助：陈思和先生通阅了全部书稿，并提出宝贵意见。谷梁先生慨允笔者在结语章第一节中采用他所提出的观点。陆灏先生在资料上给予笔者积极的帮助，没有他的多方面帮助，完成此书将增添大量困难。北京李洪岩先生慷慨提供许多他珍藏的资料，补充了笔者见闻所不及。

给笔者提供帮助的还有：华东师范大学的刘永翔、陈子善、胡范铸、胡河清先生；上海社会科学院文学研究所的夏咸淳、黄任轲、袁进和张晨先生。上海的王郅女士和无锡的张大年先生接受了笔者的采访，回答了各种问题。上海古籍出版社的王兴康先生查找了一部分书籍。请他们接受笔者真诚的谢意。

张文江
1992 年 7 月 17 日

又 记

《钱锺书传》是我的第一部作品，1993年6月由台湾业强出版社、12月由上海文艺出版社出版，以后又重印了几次。这本书收集的材料到1989年为止，当时钱锺书先生还健在，有着积极的活动，还有好几种书准备出版。因此它不是完整的人物传记，也没有讨论传主的所有著作。如今看来，此书只是我初步的写作练习，它用当时所能见到的部分材料，写出了我对一位大学者的憧憬。

时间过去了十六年，此书得到了重版的机会。由于当年的情怀已然不再，我只做了力所能及的少量修订：改正了若干误字，减省了一些冗词。在《宋诗选注》节删除了一条原文没有的题注，此错误承大连范旭仑先生指出。此外，还增添了一篇《钱锺书著作的分期和系统》（原载《钱锺书研究》第二辑，文化艺术出版社，1990年）作为附录一，原附录《钱锺书简易年表》移为附录二。

当年此书出版后，一直有人来问我，序言中提到的和鲁迅、钱锺书并列的第三位作家是谁？到了今天，大概可以说了吧：那就是金庸。在我看来，鲁迅、钱锺书、金庸代表了中国现代文学三种不同的类型，他们都超迈古今、风华绝代，走出了各自不同的人生道路。当然，后人不应该在他们脚下止步，中华学术远有更深入的内容，绝非文学，尤其是现代文学所可尽。"欲穷千里目，更上一层楼"，敬以钱锺书先生当年赠送的诗句结束此书，并与读者共勉。

张文江

2009 年 10 月 3 日

再 记

此书最初写作于1989年，距今已有二十六年。即使从出版之时算起，距今也有二十二年。对于想深入认识传主的人来说，除了若干基本事实，此书多有不足。在第四章第三节中，讨论什么是《老子》的"真质"？已知1973年发现的马王堆帛书，而未知1993年新发现的郭店楚简，可见学术发展之势的日新月异，无有止息。

2011年，复旦大学出版社重印了此书。感谢上海人民出版社再次重印，使笔者得以改正部分错误。

张文江
2015年5月20日

重印本补记

1985年,我离开学校后,尝试理解近现代几个文化人物,梳理其学术的根基。这些人物不一定有直接关联,选他们是因为心有所动,不知其然而然。从1986年到1989年,我先后考察了曾国藩、王国维、鲁迅和钱锺书,写了一组文章。1989年以后,我关注的方向发生转变,不再以写人物为主了。

写这些人物时,主要进路是检阅其文集,分析其知识结构,尤其留意他们如何应对身处的时代。开始时并无计划,没想到越写越长:曾国藩2万字,王国维5万字,鲁迅差不多9万字,而钱锺书有12万字。这样任意的写作,作为论文太长,作为书又太短了,在当时无法发表。迁延日久,曾国藩、王国维还保存着底稿,鲁迅拆开发表了一部分,原稿散失了。最后写的钱锺书,反而有机会最先问世。文稿原来讨论的是著作,后来补充生平,形成了今天的传记。

此书的视角属于1989年,以后延续至1991年,依据的是不完备的材料。我试图表达传主的精神风貌,行文也力求简约清通,然而写出来才发现,终究是做不到的。在相关文献已极其丰富的当下,除了可以帮助普通人初步了解传主,以及对我个人而言绕不过去，此书应该已不合时宜了吧。写作是提升认知的最好方式，首先获益的是写作者本人。它使人接触未知的信息，不得不面对自身的漏洞，乃至有可能渐渐明白。

1993年，此书收入陈思和先生策划的丛书，由上海文艺出版社出版。三十年后，兜兜转转。又回到原来的地方，不能不使人心怀感念。黄德海先生和肖海鸥女士的热情推动，使此书得以重印。孙连五先生指出了若干错误，据此有所改正。

张文江
2022年1月28日

图书在版编目（CIP）数据

钱锺书传：营造巴别塔的智者/张文江著. -- 上海：上海文艺出版社，2023
ISBN 978-7-5321-8511-5
Ⅰ.①钱… Ⅱ.①张… Ⅲ.①钱钟书（1910-1998）—传记 Ⅳ.①K825.6
中国版本图书馆CIP数据核字(2022)第202708号

发 行 人：毕　胜
责任编辑：肖海鸥
营销编辑：高远致
封面设计：谢　翔
内文制作：常　亭

书　　名：钱锺书传：营造巴别塔的智者
作　　者：张文江
出　　版：上海世纪出版集团　上海文艺出版社
地　　址：上海市闵行区号景路159弄A座2楼　201101
发　　行：上海文艺出版社发行中心
　　　　　上海市闵行区号景路159弄A座2楼206室　201101　www.ewen.co
印　　刷：苏州市越洋印刷有限公司
开　　本：1240×890　1/32
印　　张：9
插　　页：5
字　　数：184,000
印　　次：2023年3月第1版　2023年3月第1次印刷
Ｉ Ｓ Ｂ Ｎ：978-7-5321-8511-5/K.463
定　　价：68.00元
告　读　者：如发现本书有质量问题请与印刷厂质量科联系　T：0512-68180628